〈自分らしさ〉って何だろう？

自分と向き合う心理学

榎本博明 Enomoto Hiroaki

★——ちくまプリマー新書
236

目次＊Contents

挿絵　加藤桃子

はじめに

「〈自分らしさ〉って何だろう?」

それは、今を生きるだれもが気になる問いなのではないか。

自分らしく生きたい。僕も、いつの頃からか、そんな思いを意識するようになっていた。せっかくこの世に生まれたんだから、一度きりの人生なんだから、自分らしい人生を思いっきり生きてみたい。そんなふうに思った。

でも、いざ自分らしく生きようと思っても、その「自分らしさ」というやつがよくわからない。もちろん、自分ってこんな感じだな、という断片的なイメージはある。人前に出ると緊張するとか、引っ込み思案で自分から友だちに声をかけるより声をかけられるのを待ってるほうだとか。ただし、そんな自分はけっして目ざすべきものなんかじゃない。むしろ直したいくらいだ。では、目ざすべき自分って何なのだろう。そこでつまずく。

自分っていうのは、最も身近な存在であるはずなのに、その姿を捕まえようとすると、手の中をスルリとすり抜けていく。

受験でも、部活でも、恋愛でも、就職でも、何か重大な決断をするとき、改めて「自分らしさとは？」と問うわけではないが、自分らしい選択や解決を模索する。どうするのが自分にとって一番よいのか、どうしたら自分が納得できるだろうか、というように。自分にとっての一大事なわけだし、真剣に考えるのだが、考えれば考えるほどわからなくなる。自分が何を求めているのか、どうしたいのか。自分自身のことなのに、それがわからない。

あるとき本を読んでいて、「これがアイデンティティ拡散っていう症状なんだ」とわかった。まわりを見回すと、同じくアイデンティティ拡散状態の友だちだらけで、「自分らしさ」に行き詰まるのは特別なことではないんだと気づいて少し気持ちが楽になった。

そうしているうちに、「自分らしさ」をめぐる問いが自分の研究テーマになっていた。大学は理系に進んだのだが、「自分らしさ」をめぐって悩む友だちと話したり、自分らしい進路を考えたりしているうちに、心理学に引き寄せられ、文系に移って「自分らしさ」についての探求を行うようになった。それは研究でもあり、生きることの実践でもあった。

以下の各章では、自分らしさと格闘してきた経験と、自分をめぐる心理学の知見を交えながら、「自分らしさ」をつかむためのヒントを示していきたい。目次をざっと眺めて、気になる言葉がいろいろあるなと思う人は、「自分らしさ」をめぐる葛藤《かっとう》を潜在的に抱えているはずだ。自分自身を振り返りながら、じっくり読んでいただきたい。

第1章　なぜか自分が気になる

自分を見つめる自分がいる

「自分はこれでいいんだろうか」

そんな思いがふと脳裏をかすめることがあるはずだ。何だかよくわからないけど、今の自分のままではいけないような気がする。具体的にどこがいけないのかなんてわからない。どう変わったらいいのかもわからない。でも、きっとこのままじゃダメなんだ。何とかしなきゃいけない。そんな思いに駆り立てられる。

自分はちょっとおかしくなっちゃったんじゃないか。何だかこれまでの自分と違うぞ。これがノイローゼってやつかな。そんなふうに考えて不安になることがあるかもしれない。でも、青年期になると、だれもがそんな思いに駆り立てられるようになるものだ。

ちょっと前までは、無邪気に日常の活動に没頭するばかりで、自分を見つめるなんていうことにはまったく無縁だったはずなのに、ふと我に返ると、「自分って何だろう？」「自分はこれでいいんだろうか？」などと物思いに耽《ふけ》っている自分に気づいてハッとする。

これは人間の心の発達のプロセスとしては、ごく自然な変化といえる。青年期になると、だれでも多かれ少なかれ内向的になる。自分の内側に目を向けるようになる。それまでは外の世界に向けていた視線を自分の内側に向けるようになる。そこに自分の内面世界ができあがってくる。

物思いに耽っているときに友だちから声をかけられたりすると、ギョッとして、ちょっと気恥ずかしくなったりする。それは、ふだん友だちに見せていない自分の表情を見られたような気がするからだ。自分を見つめている自分を見られた。それが何だか気恥ずかしい。

ウィリアム・ジェームズという心理学者が、心理学の草創期である十九世紀の終わり

に『心理学原理』という体系的なテキストを書いている。その後、これが定番のテキストになったのだが、その中で自己の二重性について指摘している箇所がある。

自己というのは、知者であると同時に被知者であり、主体であると同時に客体でもあるというのだ。それを自己の二重性とみなし、自己を「知る主体としての自己（I）」と「知られる客体としての自己（ｍｅ）」の二つの側面に分けた。

自分自身を見つめるということがよく言われるが、「見つめられる自分」がいるということは、「見つめる自分」がいるということだ。そうでないと自分は見えてこない。

自分が気になるという心理状態は、だれもがよく経験しているはずだ。そこでも「気にされている自分」がいると同時に「気にしている自分」がいる。

「自分はこれでいいんだろうか」といった思いが浮かんでくるとき、僕たちの自己は主体と客体に分裂している。「見る自分」と「見られる自分」。この両極に自己が引き裂かれていくのが思春期の心の発達ということができる。

もちろん幼い頃から自分自身を見つめるということはあっただろう。

学校からの帰り道、学校であったことを思い出しながら、「またバカなイタズラをして先生から怒られちゃった」と思うとき、反省する自分がバカなことをした自分を見つめている。ピアノ教室の帰り道に、「もっと上手にできるようになりたいな」と思うとき、上手にできない自分がいるだけでなく、そんな自分を情けなく思いつつもっと上手になりたいと願う自分がいる。

でも、そうした自己の分裂が著しくなり、自分を見つめる自分の存在の比重が急速に増すのが青年期なのだ。自分を見つめる目が強く目覚めるため、強烈に自分が意識されるようになる。なぜか自分が気になるというのは、じつはそういうことなのだ。

第二の誕生

青年期になると自我が目覚めるとか、心理的離乳をするとか言われる。また、青年期の間に起こる心理的変化を第二の誕生と呼んだりする。

これは、自分を強烈に意識するようになること、それに伴ってこれまでのような無自覚な生き方、自分の意思よりも親の期待によって動かされているような生き方から脱していくことを意味する。

児童期までは親の保護下で安らいでいたのに対して、青年期になると親の期待に添って動くのではなく自分の意思で自分を動かしたいと思うようになる。もう親の言いなりになんかならない、いわば自分のコントローラーは自分で握りたいといった衝動が込み上げてくる。こうして心理的な親離れが進んでいく。

このような青年期の心の動きについて、教育思想家ルソーは、「わたしたちは、いわば、二回この世に生まれる。一回目は存在するために、二回目は生きるために」と言う。そのときの心の中の格闘と動揺について、つぎのように描写している。

「暴風雨に先だってはやくから海が荒れさわぐように、この危険な変化は、あらわれはじめた情念のつぶやきによって予告される。にぶい音をたてて発酵しているものが危険の近づきつつあることを警告する。気分の変化、たびたびの興奮、たえまない精神の動揺が子どもをほとんど手におえなくする。まえには素直に従っていた人の声も子どもには聞こえなくなる。それは熱病にかかったライオンのようなものだ。子どもは指導者をみとめず、指導されることを欲しなくなる。」（J・J・ルソー、一七六二年／今野一雄訳『エミール（中）』岩波文庫、一九六三年）

ここには、思春期の訪れによって児童期までの心的生活の安定が急激に崩れていく様子が端的に描かれている。これをルソーは第二の誕生と呼んでいる。

無自覚に流されている自分に居心地の悪さを感じる。そして、自立に向けて格闘する。自分の意志で動く存在に生まれ直そうともがく。自覚的に生きようとする。そんな時期だからこそ、「自分」というものが気になってしょうがないのだ。

今の自分にどこか納得がいかない

「こんな自分、イヤだ」

そんな思いが込み上げてくることがあるだろう。だれにでもあることだ。今の自分に納得がいかない。

小さい頃は、そんなことはあまり思わなかったはずだ。もちろん、苦手なことはあっただろう。たとえば、球技が苦手だなと思ったり、引っ込み思案で友だちづきあいが下手な自分を意識したりすることもあっただろう。でも、自分が嫌いだとか、自分がイヤだなんて思うことはあまりなかった。それなのに、最近は、「自分がイヤだ」と思う。青年期になると、そんな思いを抱きがちだ。

自分がイヤだと思うようになるのは、自分がだらしなくなったとか、ダメになってきたということではない。言ってみれば、「見られている自分」がダメになってきたのではなくて、「見ている自分」が成熟してきたのだ。自分自身を厳しい目で見るようになったために、自分の現状に納得できなくなったというわけだ。

ある意識調査によれば、小学五年生に「自分のことが好きか」と尋ねると、半数以上が「好き」と答える。「嫌い」というのは一割にも満たない。だが、中学三年生では、「好き」が三割程度に減り、「嫌い」が二割に増える。同じく小学五年生に「自分に満足か」と尋ねると、半数以上が「満足」と答え、「不満」というのは一割に満たない。ところが、中学三年生では、「満足」が二割と大幅に減り、「不満」が半数近くになる。

このように、児童期には自分が好きで自分に満足していたのに、青年期になるにつれて、自分が嫌いという人が増え、自分に不満という人が急激に増えていく。このことは、まさに自分を見る目が厳しくなってきたことの証拠といえる。自分に対する要求水準が高まるため、なかなか自分の現状に納得できないのだ。

理想自己を意識するようになる

ただ何となく生きてきたのが児童期だとすると、青年期になると「こうありたい自分」というものを意識するようになる。それを「理想自己」という。現実の自分を「現実自己」という。児童期には現実自己をただひたすら生きていた。ところが、青年期になると、理想自己というものを思い描くようになり、現実自己を理想自己と比較するようになる。そこで、理想自己にまだまだ届かない現実の自分を意識せざるを得ないため、自分に満足しにくくなるというわけだ。

理想自己の形成には、青年期になると抽象的思考ができるようになることが関係している。そのため、具体的な行動と結びついた理想自己だけでなく、抽象的な価値観と結びついた理想自己ももつようになる。

たとえば、「日曜日は野球をして遊びたい」「サッカーがもっと上手になりたい」「テストでもっと良い成績が取れるようになりたい」というような具体的な目標をもつだけでなく、「もっと自分に自信がもてるようになりたい」「こんな退屈な日々から脱出したい」「自分が生きてるっていう実感がほしい」などといった抽象的な目標を意識するようになる。

具体的な目標と違って、このような抽象的な目標になると、その達成のためにどうしたらよいのかがわからない。

日曜日に野球をして遊びたいというのであれば、ふだん野球を一緒にしている仲間に声をかければいい。サッカーがもっと上手になりたいのなら、時間をつくって練習に励めばいい。いきなり上手になるわけではないけれど、練習をすればするほど少しずつでも上達していくはずだ。テストでもっと良い成績を取りたいなら、試験勉強をしっかりやればよい。すぐに報われるとは限らないが、地道に勉強することができれば、着実に成績は向上していくだろう。このように、具体的目標の場合は、そのために頑張るべき方向性は明確だ。

抽象的な目標の場合はどうだろう。もっと自分に自信がもてるようになるためには、いったいどうすべきなのか。退屈な日々から脱するために、できることって何だろう。生きているっていう実感を得るために、果たして何をすべきなのか。いくら考えても、なかなか答は見つからない。

今の自分にどこか納得がいかない。でも、どうすればよいのかがわからない。ここに産みの苦しみがある。第二の誕生という課題を前にして、どんな自分になったら納得できるのかが見えてこない。そこで、ますます自分が気になってくる。

そんな不全感を抱えた状態は、けっして気分の良いものではない。方向性を見つけて、こんな苦しい状態から何とか脱したい、早くスッキリしたいと思うかもしれない。でも、今の自分に納得がいかないからといって、自分を否定する必要はない。

自己の二重性を思い出してみよう。「見られている自分」に対して納得のいかない「見ている自分」がいるわけだ。その「見ている自分」は、適当に流されている自分にも不満をもたなかった以前の自分と比べて、はるかに向上心に満ちた自分と言えるだろう。そんな自分は、けっして否定すべきものではない。むしろ肯定し、応援すべきなのではないだろうか。

「自分らしく」と言われても

「自分らしく生きよう」とよく言われる。これからは個性の時代だ。みんなと一緒なんて面白くないじゃないか。もっと自分らしく生きなきゃダメだという。

たしかに何でもみんなと同じなら自分である意味がない。自分で考えて生きているという感じにならない。ただみんなに合わせて生きるだけの人生なんて、とても魅力のあるものには思えない。

先生は「自分らしく」とか「個性」とか言うけど、今の学校でみんなと違うことばかり言ったりしたりしていたら、完全に浮いてしまう。みんな自分が浮かないかということばかりを気にしている。

たとえば、みんなの話題についていけなくなったら大変だと怖《おそ》れている。そのため、ほんとうは興味のないテレビ番組を視《み》たり、ユーチューブで共通のネタを仕込んだり、くだらないと思うネットの記事やブログを読んだり、ホンネを言えば「あんまりつきあいたくないなあ」と思う人たちのグループに属したりしている。

先生たちだって、そんな教室の空気はわかっているはずだ。それなのに「自分らしく」なんて言われたって困る。いったいどうしろって言うんだ。そんなふうに文句も言いたくなるだろう。

でも、ちょっと考えてみよう。今の教室みたいに、この先の人生、ずーっと、周りのみんなに合わせることばかり考えて、周囲から浮かないように空気を読んで、自分のホンネを抑え続けなければならないとしたら、何だかつまらない人生に思えないだろうか。

そんな味気ない人生なんてイヤだなあと思えてこないだろうか。ふつうの神経なら、欲求不満で爆発してしまうのではないか。

だったら、どうすればよいのだろう。

「好きなことをしよう」と言われることが多くなった。キャリア教育というのが急に盛んになってきて、嫌々仕事をする人生なんてつまらない、そんなんじゃ仕事を楽しめないから、好きなことを仕事にしようなどと言われる。

そう言われても、好きなことって何だろうというところでつまずいてしまう。そんなことはないだろうか。

好きなことが何もないのかと言われれば、そんなことはない。野球が好きだ。ポップスが好きで、だれだれのファンだ。鉄道が好きで、鉄《てつ》ちゃんのネットにはまってる。だからといって、それが仕事になるとは思えない。あまりに非現実的だ。どうも大人たちの言うことはメチャクチャだ。僕は、年齢的にいえばとんでもなく大人なんだけど、つくづくそう思ってしまう。

好きなことで仕事になりそうなことって何だろうか。そんなことをいくら考えたって無駄だ。それがほんとうに好きかなんて、本気で打ち込んでみないとわからないからだ。部活だって趣味だってそうだろう。面白そうだなって思って始めても、やっているうちに「ちょっと違うな」「自分には無理」っていう思いが込み上げてきて、結局中途半端にやめてしまう。そんなのは、じつによくあることだ。

それに、どんな仕事だって、やってみると「意外に面白いな」と思うことがある。はじめはできなかったことができるようになってくると、何となく楽しくなってくる。好きなことを仕事にしないと仕事を楽しめないなんて、そんなのは大きな勘違いだ。

「自分にしかできないことをしよう」なんて言われることもある。そんなことができたらカッコいいなとだれもが思うはずだ。自分もそうしたいと思うだろう。思うまではいいのだが、そこから先に進めない。

「自分にしかできないこと」をしたい。それは、本気でそう思う。それなのに全然先に進めない。なぜなのか。それは、「自分にしかできないこと」というのが、いったい何なのかがわからないからだ。まったく見当もつかない。

それは当然だ。まだ実社会に出ていないし、人生の序盤を生きているだけなのだから。自分にできることが何なのか。できないことは何なのか。そんなことは、いろいろやってみないうちからわかるわけがない。この先さまざまな経験をすることで、「自分にできること」や「自分にはできないこと」が見えてくる。また「自分にできること」が増えてくる。そうしているうちに「自分がやりたいこと」や「自分にしかできないこと」が徐々に見えてくるものだ。焦る必要はない。

というよりも、今からそんなことまでわかったら、人生の謎解きができちゃったみたいで、この先の人生のワクワク感がなくなり、つまらない人生になってしまうのではないか。もう少しじっくり楽しんでもいいだろう。

結局、どうしたら「自分らしく」生きられるのかということは、考えれば考えるほどわからなくなってくる。では、どうしたらよいのか。それは、この本のテーマでもあるので、じっくり考えていくことにしよう。

つい人と比べてしまう

小学校の頃から友だちと自分を比べることはあったし、友だちのほうがよくできるのを羨《うらや》ましく思うことはあったけど、この頃そういうことが多くなった。何かにつけて友だちと自分を比べては、自分の劣っている点が気になり、気分が落ち込む。そんなに深刻に落ち込むっていう感じではないのだけど、何だかイヤな気分になる。そんなことがあるだろう。

思春期になると、だれもがそんな感覚に苛《さいな》まれるようになる。じつは、大人も何かと人と自分を比べて羨んだり落ち込んだりしている。こうした比較意識からは、僕たちは一生逃げられないようだ。

ただし、大人になり、人生経験を積むにしたがって、比較意識による気持ちの落ち込みを適当にごまかせるようになる。人によっては、比較による劣等感を成長のバネにすることさえできる。

でも、まだ人生経験の乏しい青年期には、比較によって生じる劣等感は、大きなダメージになりがちだ。

だれとでも打ち解けて喋《しゃべ》ることができる友だちと比べて、自分はなんでうまく喋れないんだろう、なんで気をつかっちゃうんだろうといった意識が強すぎると、対人場面で緊張するようになり、友だちに気軽に声をかけられなくなる。

友だちと比べて運動神経の鈍い自分を意識しすぎると、みんなで球技をして遊ぼうというようなことになると、みっともない姿をさらしたくないという思いから、ちょっと都合が悪いからと口実をつけて逃げるように帰ってしまう。

比較意識というのは何とも厄介なものだ。他人はそこまで人のことを気にしていないはずなのだが、自分のほうが強烈に気にしてしまう。何でそんな厄介なものをもってしまうのか。それは、だれでも自分を知りたいからだ。

なぜ人と比べてしまうのか

人と比べることの背後には、自分を知りたいという思いがある。人と比べることを心理学では社会的比較というが、これは自己評価の重要な指標を与えてくれる。

例をあげて考えてみよう。

自分は足が速い。自分は背が高い。自分は太っている。自分は引っ込み思案だ。自分は勉強が苦手だ。これは、よくありがちな自己評価の例だが、こうした自己評価は、どのようにして形成されるのだろうか。生まれつきもっているわけではない。経験を通して徐々につくられてきたもののはずだ。

授業や運動会で駆けっこをするたびにみんなより速いことが多かったり、鬼ごっこでなかなか捕まらなかったりすると、「自分は足が速い」という自己評価をもつようになる。

クラスの中で自分より背の高い人が少ないと、自分は背が高いんだという自己評価をもつようになり、自分より太っている人があまりいないと、自分は太っているという自己評価をもつようになる。

授業中にクラスの人たちがみんな積極的に手をあげるのに、自分は間違ったら恥ずかしいとほとんど手をあげないということになると、自分は引っ込み思案だという自己評価をもつようになる。

クラスの中に自分より勉強ができる人がたくさんいて、自分よりできない人を探すのが難しいということになると、自分は勉強が苦手だという自己評価をもつようになる。もし、もっと学力レベルの低い学校にいたとしたら、自分は勉強は苦手だという自己評価をもたなかったかもしれない。

このように、僕たちは社会的比較によって自分の特徴を知ることができるのだ。人と比べてもしようがない、人との比較なんかにこだわる必要はない、自分らしくあればいい、などと言われることがある。でも、自分が劣ることがあっても落ち込まないようにすることが大事なのであって、人と比べること自体が悪いわけではない。何しろ、「自分らしくあればいい」なんて言われても、人と比べないと自分の特徴が浮かび上がってこないのだから。

「A君は、なんであんなふうに受けとるんだろう」と疑問に思うとき、A君とは違う感受性をもつ自分がどこかで意識されている。

「B君はあんなこと言うけど、僕はそれには賛成できないな。そういう考え方はイヤだな」と反発を感じるとき、B君とは異なる価値観をもつ自分をそれとなく感じている。

「C君は何のこだわりもなくて羨ましいな。僕は、どうも変なこだわりがあって損をすることが多い」と思うこともあるかもしれない。でも、ほんとうに羨ましいなら、自分もC君のように変なこだわりを捨てればいい。そうすれば、仲間グループの中で浮くこともなくなるし、先生の言うことに反論して睨《にら》まれることもなくなるはずだ。でも、それができない自分がいる。自分の信念を捨てて調子よく周りに合わせるということができない。結局、「羨ましい」という思いもあるものの、「あんなふうにはなれない＝なりたくない」というキッパリとした思いが心の奥底に潜んでいるのだ。ここにも自分らしさをつかむヒントがある。

アイデンティティをめぐる問い

「自分って何だろう」
「自分は何のために生まれてきたのだろう」
「自分はどこから来て、どこに向かっているのだろう」

このような問いをアイデンティティをめぐる問いという。哲学青年のように人生の探究にはまっている人は別にすると、このようにいかにも哲学ふうな問いと格闘することはないかもしれない。

児童がこんな問いを発してきたら、感心するというよりも、ちょっと驚いてしまう。もちろん、身長や体重に大きな個人差があるように、心の発達にも個人差があるため、早熟な子どもがこのような問いを発することも十分あり得ることだ。

でも、思春期になると、だれもが多少なりとも哲学ふうな問いと無縁ではなくなる。改めてこんな問い方をしないまでも、つかみどころのない自分をもてあます。もっと未熟な言葉で考えるにしても、どこかでこのような問いが気になってくる。

「自分らしく生きたい。でも、どういう生き方が自分らしいんだろう」「自分らしさって何だろう」といった問いが浮かんでくることは、だれでもよくあるのではないか。自分はこれまでどのような人生を歩んできたのだろう。自分はこの先どのような人生を歩んでいくのだろう。自分はいったい何をしたいんだろう。自分はこの社会で何をすることを求められているのだろう。自分は何をすべきなんだろう。「自分は……」「自分は……」「自分は……」と、この種の問いが押し寄せてくる。このような問いは、より実践的なアイデンティティをめぐる問いということができる。

そもそもアイデンティティとは何なのか。これは、精神分析学者として心の発達を探求したエリクソンが、心理学用語として導入したもので、「同一性」と訳される。一般に、アイデンティティというときは、自己のアイデンティティを意味する。

アイデンティティとは、自分が自分であることの証明であり、「これが自分だ」「これが自分らしい生き方だ」と言えるようなものがつかめてきたとき、アイデンティティが確立されたことになる。僕たちが世間で使っているＩＤカードというのは社会的な立場が明示されている身分証明書のことだが、自分の生き方の特徴を証明するのがアイデンティティだと言える。

自分を社会にどうつなげていくか

アイデンティティをめぐる問いの中核にあるのが、自分を社会にどのようにしてつなげていくかというテーマである。それは、具体的には職業をめぐる葛藤《かっとう》として経験されることが多い。

エリクソンは、何かに献身したいという欲求が、アイデンティティ危機のひとつの側面だという。その具体的な様相について、エリクソンは、つぎのように描写している。

「彼らの目前の、実体的な大人の仕事を見て、自分自身が感じている自分と比較した結果、他人の目に自分がどのような人間に映っているかということが今や第一の関心事となり、また幼い頃に習得した役割や技術を現在の職業的規範とどう結びつけるかということが最も切実な問題となる。……（中略）……この段階における危険は社会的役割の混乱である。……（中略）……大抵の場合、個々の若い人たちの心を悩ましているのは、職業に関する同一性を最終的に固めることができないということである。」（E・H・エリクソン、一九五〇年／仁科弥生訳『幼児期と社会　1』みすず書房、一九七七年）

アイデンティティをめぐる問いというのは、生き方の軸となる価値観の探求であり、より現実的には職業選択をめぐる葛藤といえる。どう生きるのが自分にふさわしいのか。それは、何をして暮らすのかということでもあり、職業というものを無視して答を出すのは難しい。エリクソンも指摘しているように、青年期のアイデンティティをめぐる葛藤の中核には、いわば職業的アイデンティティを固めることができないということがあるのだ。

エリクソンは、アイデンティティの確立が青年期の最も重要な課題だという。世の中が静的な時代だったらそうかもしれない。世の中の変化が少なく、大人とはこんな生き方をするものだという大人像が明確で揺るがない時代なら、大人の世界に仲間入りする時点で、アイデンティティは確立されるのかもしれない。

でも、今はそんな時代じゃない。止まるところを知らないIT革命の波により、世の中の仕事の形態も僕たちのライフスタイルも目まぐるしく変化していく。だれもがこの社会で生きていく限り、そうした変化に適応していかなければならない。自分を社会につなげていくというのは、ますます難しい課題になってきている。

そうなると、「これが自分らしい生き方だ」というアイデンティティの思想的な核の部分は変わらないにしても、「何をして生きるか」「どのように暮らすか」という具体的な部分は絶えず見直しを迫られることになる。

そんな時代ゆえに、僕は、アイデンティティは人生の節目節目に問い直され、その時々の社会的状況や自分の置かれた状況にふさわしい形につくり直されると考えている。ただし、たとえ暫定的なものではあっても、社会に出て行くに当たって初めて自己のアイデンティティをめぐる問いに対して回答を与えるという意味で、アイデンティティの確立は、思春期から青年期にかけて格闘すべき重要な課題と言えるだろう。

「ほんとうの自分」という言い訳

「今の自分は、ほんとうの自分じゃない」

そんなふうに思うことはないだろうか。アイデンティティをめぐる問いというのは、言い換えれば、「ほんとうの自分」の生き方を求めてあれこれ考えるということだ。それなら、思春期になるとだれもが「ほんとうの自分」を探していることになる。

でも、よく使われる「自分探し」という言葉。何だかいかがわしい。世の中に溢《あふ》れる自分探しのための本やセミナー。その手の本を中毒症状のように読みあさる人たちがいる。その手のセミナーに手当たり次第に参加する人たちがいる。

いくら本を読んだり、セミナーに参加しても見つからないため、さらに読みあさり、手当り次第に参加する。それは結局、そんなことをしても「ほんとうの自分」なんか見つからないと言っているようなものではないか。そもそも、「ほんとうの自分」という言い方自体に、何かいかがわしさを感じてしまう。今の自分は「うその自分」だと言っているわけだから。それって都合のいい言い訳なのではないか。

「今の自分は、ほんとうの自分じゃない」といった思いは、思春期に限らず、だれもが抱えているものなのではないか。

今の自分の生活に満足できない、納得がいかない。充実感がほしい。何か打ち込めるものがほしい。「生きてる」っていう実感がほしい。現実を振り返れば、何でも適当、周囲に流される、そんな意志の弱い自分がいる。何をやっても続かない。なかなか思うようにならない現実に行き詰まっている。何の能力も発揮できない。そんなカッコ悪い自分がいる。

そんな自分はほんとうの自分じゃない。そう思えば気持ちがラクになる。「今の自分は、ほんとうの自分じゃない」と思うことは救いになる。問題はその後だ。

もっと自分らしい生き方に向かって歩み出すのか、それとも「ほんとうの自分は、こんなもんじゃない」という思いを言い訳にして適当に流され続けるのか。

僕たちは、どうしても惰性に流されやすい。流れに逆らって生活を変えるというのは、とても大きなエネルギーを必要とすることなのだ。生活を変えるには大きな覚悟がいる。

それに、思い切って生活を変えるにしても、どう変えたら生活に張りが出てくるのか、どうしたら納得感が得られるのか、それがわからない。試しに何かに打ち込んでみたとして、いきなり充実感が得られるわけではない。充実感なんて、そう簡単に手に入るものじゃない。

何をするにしても、充実といえる状態にたどり着くまでには、地道な努力が必要となる。でも、何かに打ち込んだとして、充実感を得られるかどうかは、それを本気になってやってみないとわからない。本気でやってみてから自分に合わなかったとわかることもある。そうなると、なかなか覚悟ができない。

そんなとき、「今の自分は、ほんとうの自分じゃない」「どこかにほんとうの自分があるはず」「いつかきっとほんとうの自分にめぐりあえるに違いない」と思うことで、今の生活を変える努力を何もしなくても、現実逃避的な安らぎが得られる。

「ほんとうの自分は、こんなもんじゃない」という思いを言い訳にして、「とりあえず今は、このままでいいか」と開き直ることができる。今の納得のいかない生活。それに甘んじている自分。どうにもパッとしないけど、これは「ほんとうの自分」じゃないんだ。そう思うことで気持ちが軽くなり、束の間の安らぎが得られる。

自分は探しても見つからない

このように、「今の自分は、ほんとうの自分じゃない」と思うことが、現実への不満に対するごまかしになっていることが多い。「どこかにほんとうの自分があるはず」「いつかほんとうの自分にめぐりあえるはず」という自分探しの物語は、自分らしいと納得できる生活に向かって一歩を踏み出す覚悟ができない怠惰な心にとって、便利な救済装置となっているのだ。

ごまかしだけではない。本気になって自分探しに取り組むこともある。就活に真剣に取り組む若者にも、自分探しの迷宮にはまっている人が多い。自己分析を徹底してやれば、ほんとうの自分が見えてくると思っている。なかには「もっとしっかり自己分析をしてから就職しないといけないと思うんです。中途半端に就職したら、きっと後悔すると思うから。だから就活は一年延ばそうと思います」などというケースもある。

自分が何を求めているのか。自分はどんな仕事がしたいのか、どんな仕事に向いているのか。自分にはどんな生き方がふさわしいのか。じっくり自己分析をすれば、それがわかるとでもいうのだろうか。けっしてそんなことはないはずだ。

僕は、自己分析テストや職業適性テストを作ってきた側の人間だからよくわかるのだが、その類のテストをいくら受けても自己分析が深まることはない。それは、ダイエットしようとして何度も体重計に乗るようなものだ。大事なのは、測定することではなく行動することだ。行動することで測定値は変わってくる。

そもそも自己分析の素材は、これまでの自分自身の行動のサンプルだ。適性検査を思い出してみよう。「あなたは……ですか」といった質問が並んでおり、その都度「自分はどうだったかな」とこれまでの自分を振り返りながら答えていく。自分自身の行動のサンプルと照らし合わせながら答えた結果が自己分析の素材になっているのだ。

それなら、より有効な自己分析をするために、行動のサンプルをできるだけ増やす必要がある。やってみることで発見する自己という視点をもってみよう。

先にも指摘したように、やってみたら意外に面白いと思うことがある。苦手だと思っていたけど、やってみたら「案外自分は向いてるかもしれない」と思えてくることもある。興味をもっていたけど、やってみたら「ちょっと自分には無理」と思うこともある。

このように、行動することで、思いがけない気づきが得られることがある。それまで気づかなかった自分の一面を発見することがある。何でもそうだが、やってみて初めてわかることがある。逆に言えば、いろいろやってみないことには、自分というのはわからないことだらけなのだ。

「どこかにほんとうの自分があるはず」というのは間違いだ。自分というのは、「今、ここ」にいる自分しかない。自分探しの物語に安住している限り、今の自分は変わらないのだから、永遠に納得のいく生活なんて手に入らない。今ここで新たな一歩を踏み出さないかぎり、自分の生活に変化の風を巻き起こすことはできない。

「今の自分は、ほんとうの自分じゃない」と思うのは、今の生活から脱却したいという気持ちの表れといえる。それなら抜け出すしかない。惰性に流されながら、「いつかほんとうの自分にめぐりあえるはず」などと思っていたって、そんな日はけっしてやってこない。妖しげな魅力を放っている自分探しの物語から抜け出して、今ここにいる自分を何とかしないといけないのだ。では、どうしたらよいのか。それをこれから考えてみよう。

第2章　なぜ、こんなに人の目が気になるんだろう？

人の目がどうも気になる

人の目なんか気にするな、自分を信じて、自分のやりたいようにやればいい、などと言う人がいる。たしかにそれは正論かもしれない。人の目ばかり気にしていてもしようがない。それはわかるんだけど、どうしても人の目を気にしてしまう。そんな人が多いはずだ。

それは当然だ。だれだって人の目は気になる。気にならないわけがない。周りの人の目に自分がどう映っているか。それは、だれにとっても大きな関心事だ。

とくに友だちからどう見られているかは最大の関心事と言ってよいだろう。

いつもこっちに気づくと笑顔で挨拶してくる友だちが無表情で通り過ぎると、「気づかなかったのかな」と思いつつも、「もしかして、怒らせるようなことを何か言ったかなあ」と気になって仕方がない。

軽い気持ちでからかうような冗談を言ったとき、友だちがちょっとムッとした様子を見せたりすると、「うっかり傷つけちゃったかな、まずいなあ」と気になってしようがない。

このように、僕たちは、日常のあらゆる場面で、相手からどう思われているかを気にする習性を身につけている。

どうしてそんなに人の目が気になるのか。それは、人の目が自分の姿を映し出してくれる鏡だからだ。

だれでも自分を知りたい。そして、自分を知るヒントは、人との比較によって得られる。第1章で、そのように指摘した。自分を知るためのもうひとつのヒントをくれるのが人の目だ。

人の目は、言ってみれば、モニターカメラのようなもの。自分の姿が客観的にどのように見えるのか。それを教えてくれるのが人の目だ。

あの人からどう思われているんだろう。もっと仲良くなりたいんだけど、好意的に見てくれてるかな。嫌われてたらショックだな。

グループの仲間たちからどう思われているんだろう。最近個人的にちょっといろいろあって、つきあいが悪くなっちゃってたけど、大丈夫かな。

部活の仲間は、信頼してくれているだろうか。あまり腹を割って話すこともないんだけど、この前の試合でミスをしてしまったし、足手まといだとか思われてないだろうか。

そんなふうに、だれでも始終人の目を気にしているものだ。人の目は気になって当然なのだ。

鏡としての他者をもつこと

社会学者クーリーは、自己というのは社会的なかかわりによって支えられており、それは他者の目に映ったものだから、「鏡映《きょうえい》自己」と呼ぶことができるという。

自分の顔を直接自分で見ることはできない。鏡に映すことで初めて見ることができる。鏡がなければ、自分がどんな顔をしているのかを知ることはできない。

それと同じで、他者の目という鏡に映し出されない限り、僕たちは自分の人柄や能力といった内面的な特徴を知ることができない。他者の反応によって、自分の人柄や能力がどのように評価されているかがわかり、自分の態度や発言が適切だったかどうかを知ることができる。

鏡映自己という言い方には、そんな意味が込められている。僕たちの自己は、他者の目を鏡として映し出されたものだというわけだ。

自分を知るヒントとなる他者との比較の結果も、他者の目という鏡に映し出されていることが少なくない。その意味では、僕たちの自己が他者の目に映し出されたものだというのは正しいと言ってよいだろう。

さらにクーリーは、他者の目に自分がどのように映っているかを知ることによって、誇りとか屈辱のような感情が生じるという。これは、だれもが日常的に経験していることとだ。

人から好意的に見られていることがわかれば、とても嬉《うれ》しいし、自信にもなる。能力や人柄を高く評価してくれていると知れば、誇らしい気持ちになる。反対に、否定的に見られていることがわかると、ガッカリして気持ちが落ち込み、自信がなくなる。

僕たちが、ともすると気の合う仲間同士、価値観や性格の合う者同士でまとまりがちなのも、周囲の人の目に映る自分の姿が肯定的なほど嬉しいし、力が湧いてくるからだ。自分の姿を輝かせてくれる鏡がほしい。それは、だれもが密《ひそ》かに望んでいることのはずだ。

ただし、嬉しいとか、落ち込むとか、感情的に反応するだけでなく、どこが評価されたんだろう、どんな点がダメなんだろうと認知的に反応できる人は、たとえ否定的評価を受けていることがわかっても、今後の改善に活《い》かすことができる。ここでいう認知的反応とは、感情的に反応するのではなく、頭で反応すること、論理的に反応することを指す。

その意味では、自分を輝かせてくれる鏡としての他者だけでなく、ときにみすぼらしい自分やイヤな自分を映し出してくれる辛口の他者、価値観や性格の異なる他者とのつきあいも大切だ。そういう他者との出会いが、自分に対する気づきを与えてくれ、自分の成長のきっかけになることもある。

他者の視線と自己イメージ

自己とは他者である。

この言葉から、どんなことをイメージするだろうか。

人から余計なお節介で鬱陶《うっとう》しいアドバイスをされたりすると、「自分のことは自分が一番よく知っているから、ほっといてくれ」と言いたくなる。人にはこちらの気持ちなんかわからない。自分のことは自分にしかわからない。そう思うことがある。

でも、そう思って自分と向き合い、自分自身をとらえようとすると、これがけっこうくせ者だとわかる。どうもよくつかめない。人のことはよく見えるのに、自分のことがよく見えなかったりするのだ。

近すぎてわからないのか、「なんであんなことを言ってしまったんだろう」「自分は、ほんとうはどうしたいんだろう」「なんでこんなにムシャクシャするんだろう」と、わからないことだらけ。そんなことになりがちだ。

そうしてみると、一番身近であるはずの自分が、じつはとても遠い存在なのかもしれない。そのような意味で、自己とは他者であるというのではないか。それも一理ある。

でも、ここではもうひとつの意味を考えてみたい。

だれでも自分についてのイメージをもっている。

「自分は何があっても前向きで、笑顔で頑張っていけるタイプの人間だ」という自己イメージをもっている人もいる。「自分は神経質で、慎重なのは良いかもしれないが、どうも細かなことにとらわれすぎる」という自己イメージをもつ人もいる。「自分は人の気持ちがよくわかるやさしい性格だ」という自己イメージをもつ人もいる。

では、そうした自己イメージは、どのようにしてつくられたのか。

生まれつきもっていたなどということはあり得ない話だ。赤ちゃんが、「自分は粘り強い性格だ」とか「自分はやさしい子だ」といった自己イメージをもっているなど、とても想像することはできない。自己イメージは、小さい頃からの経験の積み重ねによって、徐々につくられてきたもののはずだ。

では、どんな経験が大きいのか。このように突き詰めていくと、自己は他者であるということのもうひとつの意味が見えてくる。

周囲の大人から「いつも笑顔で明るい子ね」と言われたり、学校の先生から「君は頑張りやだな」と言われたり、友だちから「お前は何があってもへこたれないな。その前向きな思考が羨ましいよ」と言われたりする経験が積み重ねられることで、「自分は何があっても前向きで、笑顔で頑張っていけるタイプの人間だ」といった自己イメージがつくられる。

親から「あんたはホントに神経質なんだから」と言われたり、先生から「慎重な性格なんだね」と言われたり、友だちから「細かいことにとらわれすぎじゃないのか」と言われたりする経験が積み重ねられることで、「自分は神経質で、慎重なのは良いかもしれないが、どうも細かなことにとらわれすぎる」という自己イメージがつくられる。

親から「〇〇ちゃんのお母さんがやさしい子だって言ってたよ」と言われたり、先生から「人の気持ちがよくわかるんだね」と言われたり、友だちから「いつもやさしくしてくれてありがとう」と言われたりする経験が積み重ねられることで、「自分は人の気持ちがよくわかるやさしい性格だ」という自己イメージがつくられる。

こうしてみると、僕たちの自己イメージは、いろいろな他者がこちらに抱くイメージによってつくられていることがわかる。人から言われた言葉や人から示された態度をもとに自己イメージがつくられている。

つまり、僕たちが自分に対してもつイメージは、もともとは他者がこちらに対して抱いていたイメージなのだ。そのような意味で、自己は他者であるということになるわけだ。

他者の視線に縛られる

人の視線というのは、とても大きな力をもっている。僕たちは、人の視線をなかなか裏切ることができない。

先生からもクラスの仲間たちからも優等生と見られていると、授業中みっともない姿をさらすわけにはいかないというプレッシャーがかかり、しっかり予習をしていくことになる。試験でも悪い成績を取るわけにはいかないため、試験勉強には全力で取り組む。

一方、先生からもクラスの仲間たちからも勉強のできない劣等生と見られていると、多少熱っぽくて身体《からだ》がだるくても、根性で集中しようとする。

授業中に質問に答えられなくても、バカな発言をしても、期待を裏切ることにはならないため、予習などやる必要がない。試験で悪い成績を取っても、それは言ってみれば、みんなの期待通りなわけだから、試験勉強なんかにはなかなか集中できないし、ちょっとでも体調が悪いと感じたら簡単にさぼってしまう。

どちらも周囲の視線に応える方向に行動している。それほどにみんな他者の視線に縛

られているのだ。

手に負えないワルと見られていると、校則違反をして先生に叱られることに何の抵抗もない。それが周囲の視線に応えることになるのだから。

周囲からしようもないイタズラ坊主だと見られていると、バカなイタズラをしてみんなから笑われたり、先生から呆《あき》れられたりしても、傷つくどころか誇らしい気持ちにさえなる。周囲の視線を裏切っていないからだ。

頼りがいのあるクラスのまとめ役と見られていると、個人的に大変なことがあるときでも無理してみんなのまとめ役をこなそうと頑張る。ときに不安な気持ちになり、だれかに頼りたいと思うことがあっても、そんなことはおくびにも出さずに、頼られる存在を必死に演じ続ける。周囲の視線を裏切るわけにはいかないからだ。

ピグマリオン効果というのがある。これは、期待をかけることによって生徒の学力が伸びる現象をさすものだ。

心理学者が小学校に行き、生徒たちに知能テストを実施したあと、クラスの担任に成績上位者のリストを渡し、この子たちは今後伸びるだろうと伝える。すると、その後、ほんとうにそのリストの生徒たちは他の生徒たちよりも学力が伸びた。

それは知能が高いんだから当然だと思うかもしれないが、じつはそうではないのだ。そこにはからくりがあった。その成績上位者の生徒名は、でたらめにリストアップされたものだったのだ。それにもかかわらず、リストにあった生徒たちの学力が伸びた。

なぜか。それは担任の先生が期待したからだ。その期待の視線を生徒が感じ取ったからだ。その結果、リストにあった生徒たちは、期待に応えようと必死になって頑張ったため、ほんとうに成績が伸びたのだった。

周囲からどんな視線を投げかけられているか。それによって僕たちの行動は大いに縛られていることがわかる。

人から認められたい

僕たちは、どうしてそれほどに人の視線に縛られるのか。そこには、人から認められたいという欲求が関係している。

極端な例を出せば、仲間たちから認められたい一心で、肝試し的な万引きをしてしまうことさえある。もともとワルなわけではなく、こんなことはしちゃいけないという思いが強く、万引きをする前はものすごい葛藤《かっとう》があったのに、これで仲間になれた、みんなから認められたというポジティブな思いが込み上げてきたりする。周囲から認められたいという欲求は、それほどまでに強烈なものなのだ。

心理学者マズローは、人間のもつ基本的欲求を四つあげている。生理的欲求、安全の欲求、愛と所属の欲求、承認と自尊の欲求の四つだ。

戦時中のような食糧の確保も身の安全の確保も困難な時代と違って、今の日本では生理的欲求と安全の欲求はほぼ満たされているといってよいだろう。そこで、現代人にとっては、愛と所属の欲求や承認と自尊の欲求をどうやって満たすかが重要な課題となる。

右にあげた万引きの例でも、こんなことはしちゃいけないと強く思いつつも、所属の欲求と承認の欲求に突き動かされてやってしまったことになる。

仲間がほしい。仲間に入れてほしい。グループに所属したい。そのためにも気の合う仲間として認めてほしい。仲間になるにふさわしいと評価してほしい。このように所属の欲求と承認の欲求は複雑に絡み合っている。

人の目が気になって仕方がないのも、心の中に強い所属の欲求と承認の欲求を抱えているからといえる。仲間として認められれば、所属の欲求も承認の欲求もともに満たされる。

自分のキャラが窮屈に感じるという声を聞くことがある。とくに今は仲間の笑いを誘うキャラが人気だが、本人はそのキャラを窮屈に感じていたりする。

かつては勉強のできる子が一目置かれたり、スポーツの得意な子が憧れの対象になったりしたものだが、今人気なのは面白い子だ。みんなを楽しませ、笑いが取れる子だ。こうした変化には、承認欲求の満たしやすさや心の傷つきやすさが関係しているのではないだろうか。

勉強で認められるのも、スポーツで認められるのも、それなりの能力や努力が必要だし、仲間同士の能力の優劣があからさまになるため、傷つきやすい今の若い世代には敬遠されがちだ。それに比べて、キャラに則《のっと》って面白さを演じる方が容易に承認が得られやすい。優劣で傷つくこともない。

一人のときにはいろいろ不安も悩みもあるはずなのに、グループになるといつも面白おかしく笑っている。あたかも芸人たちのバラエティ番組さながら、天然キャラやツッコミキャラ、いじられキャラ、笑わせキャラ、辛口キャラ、おばかキャラなど、それぞれ自分の役割を演じつつ楽しい場をつくっている。それによって所属の欲求や承認の欲求を満たしている。

それでも、ときに自分のキャラに息苦しさを感じることもある。グループの中での自分のイメージを意識し、周囲の期待を裏切らないために、かなり無理をしている部分があることに気づく。いじられキャラといっても、それは言い過ぎだろうと感じることもあるが、怒るのは自分らしくない。笑わせキャラだって、ときには悩むこともあり、とても笑える気分じゃないのに、みんなと会ったとたんに冗談を言って周囲を笑わせている自分がいる。

それほどまでに人の目の拘束力は強い。それは、だれもが何としても周囲から認められたいからだといえる。

人の目に過敏な日本人

日本は恥の文化の国だと言われるが、「恥ずかしい」とか「みっともない」というのは、僕たちにとってとても馴染《なじ》みのある感覚だ。

作家の司馬遼太郎《しばりょうたろう》は、日本文化研究者ドナルド・キーンとの対談で、日本社会に秩序があり、犯罪が少ないのは、「恥ずかしいことはするな」という意識があるからだと指摘する（司馬遼太郎、ドナルド・キーン『日本人と日本文化』中公新書、一九七二年）。

たとえば、戦場で敵に後ろを見せるのは恥ずかしいことで、カッコ悪いから逃げない。鎌倉時代の武士にも、すでにカッコ悪いという感覚はあった。それは、モラルでなく美意識だ。美意識だけで社会の秩序が保たれてきた国は日本だけなのではないかという。

今でも犯罪が少ないが、それは犯罪がカッコ悪いからだ。親父の顔は潰れるし、自分も友だちに顔向けできないというだけで罪を犯さない。

恥ずかしいことはできないということだけで、社会の安寧《あんねい》秩序が保てる。その程度のことだけで安寧秩序が保てる社会というのは不思議だと司馬は言う。

「世間の目を気にする」とか「世間体を気にする」などと言うと、否定的に受け取られがちだが、「恥ずかしい」とか「みっともない」という思いは、法的に裁かれるかどうかに関係なく、自分を正しい行いに導く力になっている。

そんなことをするのはみっともない。罰せられるのが嫌だからしないというのではなく、みっともないからしない。法的には罰せられることがなくても、みっともないからしない。それは、法的に裁かれるからしないというよりも、むしろ自律的な自己規制力といえないだろうか。

日本の精神文化を世界に伝えたいという意図で、『武士道』を英文で出版した新渡戸《にとべ》稲造《いなぞう》は、日本人にとってとくに重要なのは名誉の感覚だという。

日本人にとっては、名誉を汚されることが最も大きな恥となる。恥を知る心は、少年の教育において中心的な位置を占める。「笑われるぞ」「恥ずかしくないか」といった言葉が、正しい行いを促すときの最後の警告として使われる。このように新渡戸は、恥の意識によって名誉ある行動が導かれるとみなしている。

みっともない。恥ずかしい。それは、日本人ならだれでもしょっちゅう感じる、非常に身近な感覚のはずだ。そうした感覚によって自分の行動をコントロールする。これは、じつは他者中心の行動の律し方と言える。人の目に映る自分の姿を想像することで、「そんなのはみっともない」「そんなこともできないのは恥ずかしい」というように自分の行動を律していく。

「自分がそうしたいからする」「自分がそうしたくないからしない」という自己中心的な行動の律し方をする文化と違って、人の目を意識する心をもつことで、法的裁きを厳しくしなくても社会の秩序が保たれてきたわけだ。人の目を気にするなんて主体性がないなどという日本文化への批判は、どうも的外れな気がする。自分中心の文化の弊害のほうがはるかに大きいのではないだろうか。

自分の姿が人の目にどんなふうに映っているか。僕たちは、それをたえず意識して暮らしている。社会の秩序までもが人の目を意識した自己規制力によって保たれるほど、僕たち日本人は人の目に過敏な心理構造をもっているのだ。

人の目が気になる病理

日本人特有のノイローゼと言われるものに視線恐怖がある。対人恐怖の一種で、対人関係に支障をきたすほどに人の視線が気になってしようがないという症状に苦しめられる病理のことだ。

人の視線が気になってしようがない。視線を合わさなければと思うのに、どうしても相手の目を見ることができない。それが視線恐怖の典型だ。相手の目をまともに見ることができないため、おかしなヤツだと思われるんじゃないかと不安になる。そんな不安な胸の内を見透かされるんじゃないかと気になり、人づきあいが苦痛になる。

人の視線が気になるというよりも、自分の視線が気になるというタイプの視線恐怖もある。

僕が対応したある視線恐怖の人は、人と話しているときに突然自分の目つきが気になってくるという。自分の目つきが悪くなっているような気がする。そうなると気になってしょうがない。相手に悪い印象を与えたらまずいと思うと気持ちが落ち着かず、慌ててトイレに駆け込み、鏡で自分の目つきを確認する。こんなことが繰り返されるため、人と会うのが苦痛でしょうがないという。

どちらのタイプであれ、人を前にしたときの緊張と不安が強いあまり、対人場面を避けるようになる。

心理学者小川捷之《おがわかつゆき》は、日本人とアメリカ人の悩みについての比較調査を行っている。それによれば、「他人が気になる悩み」「自分に満足できない悩み」「大勢の人に圧倒される悩み」などで日米の差が見られ、日本人のほうがそうした悩みを抱く傾向があった。

この中の「他人が気になる悩み」というのが、人からどう思われるかが気になる心理、つまり人の目が気になる心理に相当する。

この「他人が気になる悩み」は、「自分が人にどう見られているかくよくよ考えてしまう」「他人が自分をどのように思っているかとても不安になってしまう」「自分が相手の人にイヤな感じを与えているように思ってしまう」「相手にイヤな感じを与えているような気がして、相手の顔色を窺《うかが》ってしまう」「人と話していて、自分のせいで座が白けたように感ずることがある」などといった項目で測定されている。このように感じる人が、アメリカ人と比べて日本人に多いというわけだ。

視線恐怖とまではいかなくても、人の視線が気になったり、自分が人にどんな印象を与えるかが気になったりする心理は、だれもが共感できるのではないだろうか。僕たち日本人は、視線恐怖の一歩手前のところにいつもいるのかもしれない。

では、なぜ僕たち日本人は、それほどまでに人の目が気になってしようがないのか。それには、前項で触れた恥を意識させるしつけが大いに関係しているわけだが、なぜそのようなしつけを行うのか、なぜ恥ということが重要になっているのかを考えていくと、関係性を生きる日本的自己の特徴に行き着く。

欧米と日本ではコミュニケーションが担う役割が異なる

日本人は自己主張が苦手だと言われる。グローバル化の時代だし、もっと自己主張ができるようにならないといけないなどと言う人もいる。でも、日本人が自己主張が苦手なのには理由がある。そして、それはけっして悪いことではない。

では、アメリカ人は堂々と自己主張ができるのに、僕たち日本人はなぜうまく自己主張ができないのか。

それは、そもそも日本人とアメリカ人では自己のあり方が違っていて、コミュニケーションの法則がまったく違っているからだ。

アメリカ人にとって、コミュニケーションの最も重要な役割は、相手を説得し、自分の意見を通すことだ。お互いにそういうつもりでコミュニケーションをするため、遠慮のない自己主張がぶつかり合う。お互いの意見がぶつかり合うのは日常茶飯事なため、まったく気にならない。

一方、日本人にとって、コミュニケーションの最も重要な役割は何だろう。相手を説得して自分の意見を通すことだろうか。そうではないだろう。僕たちは、自分の意見を通そうというより前に、相手はどうしたいんだろう、どんな考えなんだろうと、相手の意向を気にする。そして、できることなら相手の期待を裏切らないような方向に話をまとめたいと思う。意見が対立するようなことはできるだけ避けたい。そうでないと気まずい。

つまり、僕たち日本人にとっては、コミュニケーションの最も重要な役割は、お互いの気持ちを結びつけ、良好な場の雰囲気を醸し出すことなのだ。強烈な自己主張によって相手を説き伏せることではない。

だから自己主張のスキルを磨かずに育つことになる。自己主張が苦手なのは当然なのだ。その代わりに相手の気持ちを察する共感性を磨いて育つため、相手の意向や気持ちを汲《く》み取ることができる。

相手の意向を汲み取って動くというのは、僕たち日本人の行動原理といってもいい。コミュニケーションの場面だけではない。たとえば、何かを頑張るとき、ひたすら自分のためというのが欧米式だとすると、僕たち日本人は、だれかのためという思いがわりと大きい。

親を喜ばせるため、あるいは親を悲しませないために勉強を頑張る、ピアノを頑張る。先生の期待を裏切らないためにきちんと役割を果たす。そんなところが多分にある。大人だって、監督のために何としても優勝したいなんて言ったりするし、優勝すると監督の期待に応えることができてホッとしていると言ったりする。

自分の中に息づいているだれかのために頑張るのだ。もちろん自分のためでもあるのだが、自分だけのためではない。

このような人の意向や期待を気にする日本的な心のあり方は、「他人の意向を気にするなんて自主性がない」とか「自分がない」などと批判されることがある。でも、それは欧米的な価値観に染まった見方に過ぎない。

教育心理学者の東洋《あずまひろし》は、日本人の他者志向を未熟とみなすのは欧米流であって、他者との絆《きずな》を強化し、他者との絆を自分の中に取り込んでいくのも、ひとつの発達の方向性とみなすべきではないかという（東洋『日本人のしつけと教育――発達の日米比較にもとづいて』東京大学出版会、一九九四年）。

遠慮のない自己主張が馴染まない日本的自己の構造

そもそも欧米人と日本人では自己のあり方が違う。僕たち日本人が、率直な自己主張をぶつけ合って議論するよりも、だれも傷つけないように気をつかい、気まずくならないように配慮するのも、欧米人のように個を生きているのではなくて、関係性を生きているからだ。

心理学者のマーカスと北山忍《きたやましのぶ》は、アメリカ的な独立的自己観と日本的な相互協調的自己観を対比させている。

独立的自己観では、個人の自己は他者や状況といった社会的文脈から切り離され、そうしたものの影響を受けない独自な存在とみなされる。そのため個人の行動は本人自身の意向によって決まると考える。

それに対して、相互協調的自己観では、個人の自己は他者や状況といった社会的文脈と強く結びついており、そうしたものの影響を強く受けるとみなされる。そのため個人の行動は他者との関係性や周囲の状況に大いに左右されると考える。

このような相互協調的自己観をもつ僕たち日本人は、個としての自己を生きているのではなく、関係性としての自己を生きている。関係性としての自己は、相手との関係に応じてさまざまに姿を変える。その場その場の関係性にふさわしい自分になる。相手との関係性によって言葉づかいまで違ってくる。欧米人のように相手との関係性に影響を受けない一定不変の自己などというものはない。

「だれが何と言おうと、私はこう考える」「僕はこう思う」と自分を押し出していく欧米社会では視線恐怖があまり見られないのに対して、自分を押し出すよりも相手の意向を汲み取ろうとする日本人の間には視線恐怖が多い。それは、僕たち日本人は、相手との関係性によって自分の出方を変えなければならないからだ。

相手がどう思っているかが気になる。こんなことを言ったら相手はどう感じるだろうかと気になる。それも、僕たちが関係性としての自己を生きているからだ。

僕たちの自己は、相手から独立したものではなく、相手との相互依存に基づくものであり、間柄によって形を変える。僕たちの自己は、相手にとっての「あなた」の要素を取り込む必要がある。だから相手の意向が気になる。相手の視線が気になるのだ。

個を生きているのなら、自分の心の中をじっくり振り返り、自分のしたいことをすればいいし、自分の言いたいことを言えばいい。相手が何を思い、何を感じているかは関係ない。自分が何を思い、何を感じているかが問題なのだ。自分の思うことを言う。自分が正しいと考えることを主張する。自分の要求をハッキリと伝える。それでいいわけで、じつにシンプルだ。

でも、関係性を生きるとなると、そんなふうにシンプルにはいかない。自分の意見を言う前に相手の意向をつかむ必要がある。気まずくならないようにすることが何よりも重要なので、遠慮のない自己主張は禁物だ。相手の意見や要求を汲み取り、それを自分の意見や要求に取り込みつつ、こちらの意向を主張しなければならない。

このように関係性としての自己を生きる僕たち日本人は、たえず人の目を意識することになる。

なぜ「人」のことを「人間」と言うのか

関係性を生きる僕たちの自己のあり方は、「人間」という言葉にもあらわれている。

哲学者の和辻哲郎《わつじてつろう》は、「人間」という言葉の成り立ちについて疑問を提起している。「人」という言葉に「間」という言葉をわざわざ付けた「人間」という言葉が、なぜまた「人」と同じ意味になるのかというのだ（和辻哲郎『人間の学としての倫理学』岩波書店、一九三四年）。

「人」だけでもいいのに、なぜわざわざ「人間」というのか。なぜ「間」を付けても意味が変わらないのか。ふだん当たり前のように使っている「人間」という言葉だが、改めてそう言われてみると、たしかに妙だ。

和辻によれば、辞書『言海《げんかい》』に、その事情が記されている。もともと人間という言葉は「よのなか」「世間」を意味していたのだそうだ。それが「俗に誤って人の意になった」。つまり、「人間」というのは、もともとは「人の間」、言い換えれば「人間関係」を意味する言葉だったのに、誤って「人」の意味に使われるようになったのだという。

誤って使われたのだとしても、なぜまたそんな誤りが定着したのか。そこにこそ大きな意味があるのではないか。

和辻は、このような混同は他の言語ではみられないのではないかという。ドイツ語でもこんな混同はみられないし、中国語でも人間とはあくまでも世間を指し、人を指したりはしない。他の言語では「人」と「人間関係」がしっかりと区別されているのに、日本でのみ混同があるとすれば、そこには日本的な「人」のとらえ方の特徴があらわれているはずだ。

ここからわかるのは、日本文化には、「人＝人間関係」というような見方が根づいているということだ。

和辻は、そこのところをつぎのように説明する。もし、「人」が人間関係とはまったく別ものとしてとらえられているのであれば、「人」と「人間関係」を明確に区別すべきだろう。それなのに、日本語では「人」と「人間関係」を区別せずに、「人間関係」や「よのなか」を意味する「人間」という言葉が「人」の意味で用いられるようになった。ここにこそ、日本的な「人」のあり方が示されている。

僕たち日本人にとって、「人間」は社会であるとともに個人なのだ。

このように、日本文化のもとで自己形成をした僕たちの自分というのは、個としてあるのではなく、人とのつながりの中にある。かかわる相手との間にある。

一定不変の自分というのではなく、相手との関係にふさわしい自分がその都度生成するのだ。相手あっての自分であり、相手との関係に応じて自分の形を変えなければならない。だからこそ人のことが気になる。人の目が気になって仕方がないのだ。

第3章　自分がわからない

自分が何をしたいのか、よくわからない

学校で将来のキャリアについて真面目に考えないといけないなんて言われるけど、将来どんな職業に就きたいかなんて、まったく見当もつかない。いい加減なつもりはないし、ちゃんと考えなくちゃやって思うんだけど、将来の職業なんて言われても、正直言って働くこととの実感がないし、何も思いつかない。そんな人が多いのではないか。

小さい頃は、周囲の男の子は野球の選手になりたいとかサッカー選手になりたいとか宇宙飛行士になりたいとか言ってたし、女の子は幼稚園の先生になりたいとかバレリーナになりたいとか言ってたし、自分もそんな夢を口にしていたけど、今さらそれはないだろうって思う。

もっと現実的な将来ビジョンをもたないといけないって思うけれど、そもそもどんなふうに大人が働いているのかがわからないし、いろんな職業がありすぎて、どの職業に就いたらどんな生活になるのかっていうところがよくわからない。テレビで大人の人が働いているシーンはよく見るけど、あれが現実とも思えないし。

そんな思いを抱えている人が多いはずだ。

昔のように、働いている親の姿を身近に見ていた時代と違って、親がどのような職業生活を送っているのかが見えにくい。農作業に没頭している親の姿。漁から戻り魚を水揚げしている親の姿。店で客の相手をしている親の姿。工場で物作りに励んでいる親の姿。そんな親の姿を見て育つ時代なら、働くということのイメージも湧きやすいが、今はそんな時代ではない。

それに加えて、職業があまりに多種多様になりすぎている。しかも、ＩＴ革命のせいで、新たな職業がつぎつぎに生まれてくる。将来の自分の仕事がイメージできないのも当然といえる。

具体的な職業が思いつかないなら、好きなことや得意なことを基準に考えると良いと言われるけれど、今の自分が好きなことや得意なことが職業にどうつながるのかわからない。それに、好きなことと言っても、自分は何をするのが好きなのかっていうところでつまずいてしまう。そういうことも珍しくない。

職業などという前に、進学のことを考えないといけないのだが、何を専門に勉強したいのかということがわからない。成績をみれば、どんな科目がわりと得意でどんな科目が苦手かはわかるけど、得意だからってそれが好きな勉強なのかがよくわからない。そんなこともありがちだ。人によっては、好きなんだけれど成績が悪いという科目があったりして、どういう方向を目ざすべきかは非常につかみにくい。

こうしてみると、「自分がしたいこともわからないなんて」と自己嫌悪に陥る必要などないことがわかる。自分が何をしたいかわからないっていうのは、ごくふつうのことなのだ。

自分を見失いがちな青年期

自分がよくわからないというのは、十代によくみられる心理的特徴だ。青年期になると、それまで親などによってつくられてきた自分のあり方に不満や疑問を抱き、主体的に自己を形成しようという欲求が強まってくる。これまでの自分の生き方を脱ぎ捨てて、新たな自分に生まれ変わろうとする。自分が納得のいくように生きたい。でも、それがどんな生き方なのかわからない。

そこで、自己の探求が始まる。第1章でみてきたように、アイデンティティをめぐる問いが活性化する。

つまり、青年期とは、大人になるための準備期間であり、自分らしく生きるというのはどうすることなのか、自分はこの社会で何をすべきなのかと自分自身に問いかけながら、さまざまな役割を試してみたり、傾倒する価値観に基づいて行動したりと、試行錯誤の時期を過ごすことになる。

エリクソンは、青年期のもつそのような性質を心理・社会的モラトリアムと呼んだ。

モラトリアムとは、もともとは支払猶予期間という意味で、戦争や天災などの非常事態下において、国家が債権・債務の決済を一定期間猶予することで金融機構の崩壊を防ぐ措置をさす。この用語をエリクソンが精神分析用語として転用し、心理・社会的モラトリアムという言い方をするようになった。心理・社会的モラトリアムとは、青年が社会的な責任や義務を免除された形でさまざまな役割実験を試みるなど、社会の中に自分の居場所を見つけて大人になっていくための準備期間のことである。

役割実験とは、いろいろな分野の勉強や読書をしたり、アルバイトをしたりして、さまざまな価値観にふれることで、自分に最も適した社会的役割を見つけていくプロセスを指す。

このような発想は、エリクソン自身の経験に基づいている。エリクソンは、ギムナジウム（ドイツにおいて中学と高校を一緒にしたようなもの）を卒業する頃、将来の方向性を見失い、結局親が望むような大学進学の道はとらずに、芸術家に憧れて放浪の旅に出た。

後にアイデンティティの心理学を構想し、青年期のモラトリアム心理の分析を試みることになるエリクソン自身、どのように生きるのが自分らしいのか、自分は何をすべきなのかといったアイデンティティをめぐる混乱を経験し、生きる方向性を模索するための猶予期間であるモラトリアムの時期を過ごしたのだった。

実学によって身を立てるのが当然という時代に、生計を立てる当てのない芸術の道を志すというのは、いかにも無茶な冒険だった。エリクソンは、南欧の街を渡り歩き、読書とスケッチにどっぷり浸《つ》かって過ごした。でも、しだいに夢と現実のギャップに悩まされることになった。夢と現実のギャップには、だれでも悩まされるものだ。

偉大な芸術に触れることで、大いに感銘を受けるとともに、芸術家としての自分の資質に自信がもてなくなったのだ。結局、自分はいったい何になったらよいんだろう。それがわからなくなって、いわゆるアイデンティティをめぐる葛藤《かっとう》の中、不安と苛立《いらだ》ちの日々を過ごすことになった。

ついに芸術家になることを断念したエリクソンは、将来の展望を失うとともに、何かをしようという意欲を失い、まったく何もすることができない状態に陥った。まさに、エリクソン自身がアイデンティティ拡散（後の項を参照）を経験していたのだった。

そうした情緒不安定な状態を気遣った親友ブロスの配慮で、子どもたちを教育する理想の学校を一緒に運営することになり、放浪の七年に終止符が打たれたのだった。それは、エリクソンが二十五歳のときのことだった。

その学校の経営者が、精神分析の創始者ジグムント・フロイトの娘で精神分析家のアンナ・フロイトと親しい間柄だったため、やがてエリクソンはアンナから精神分析を受けることになった。この出会いがエリクソンのその後の人生を大きく方向づけることになった。

大人への移行と通過儀礼

青年期は、自活する能力を身につけ独立していくことにより終わりを告げる。つまり、一人前の大人になることで終わる。具体的には、就職したり結婚したりして独立していく二十二〜二十三歳に終わるというのが、従来の常識的な見方だった。

でも、今はどうだろうか。二十二〜二十三歳で独立し、青年期を終え大人になっていくというのは、どうみても少数派だろう。二十代後半になっても親に依存しているというのも珍しいことではない。

それには、通過儀礼が形骸化していることと、その背後にある一人前の基準がわかりにくくなっていることが関係していると指摘したことがある（榎本博明編『発達教育学』ブレーン出版、二〇〇三年）。

子どもから大人への移行にあたって、かつては成年の儀式が広く行われてきた。そのような人生のある段階から別の段階への移行にあたって執り行われる儀式を通過儀礼という。

それまでの生き方から新たな生き方への移行、この場合であれば、社会的役割を免除され大人に保護されて暮らす存在から大人として社会的役割を担う存在への移行をスムーズにするため、大きく心を揺さぶり、自覚を促す。通過儀礼にはそんな意味がある。

　このような大人への移行を促す通過儀礼は、かつての日本ではどのように行われていたのだろうか。民俗学者の中山太郎は、子ども期を終えて若者組（連）に入って社会的役割を担うようになる年齢について、つぎのように述べている。

「近世の我国では、大体、男子一〇歳までを幼年とし、一四歳までを少年とし（以上を押くるめて子供と称した）、一五歳を以て成年とする慣習が行はれてゐた。而して男子一五歳に達すると、始めて若者連に加入する資格の生じたことを、その部落から公認される（これにも一、二の例外はあるが……［中略］……）のである。詳言すれば、一五歳までは子供として私の家庭に属してゐた者が、この年齢を境として公の社会に加はることになるので、そこに社会的に重要なる意義が発生するのである。」（中山太郎『日本若者史』春陽堂、一九三〇年、一部漢字を改めた）

　このように十五歳くらいになると若者組（連）に加入し、厳しい戒律を守りながら社会的役割を担うようになるという道筋が一般的だった。加入のための儀式は地域によってさまざまな形をとっていたが、どれも新参者に試練を与えるものとなっていた。

ある村では、若者組（連）に加入するにあたって、親元から離れ、同じ年齢の者たちで共同生活を送って修業を積む。それから集団で山に登り、そしてお面を被《かぶ》って踊りながら下山する。これは、山に登る前は子どもであったのに、山を下りるときには大人という別人格に生まれ変わっていることを象徴的にあらわすものといえる（加藤秀俊『人生のくくり方——折目、節目の社会学』日本放送出版協会、一九九五年）。

今はどうだろうか。大人になったことを承認する儀式としての成人式はあるものの、完全に形骸化している。かつての通過儀礼のように、大人という別人格に生まれ変わる自覚を促すといった役割を果たしているとは言い難い。大人として社会的役割をしっかり担うための厳しい覚悟を促す通過儀礼というよりも、地元のかつての仲間たちとの同窓会のようなものになっている感がある。

一人前の基準のあいまいな時代

ここで、通過儀礼の背後にある一人前の基準について考えてみよう。

どうしたら一人前の大人と認められるのか。一人前の基準って何なのか。それは社会によってさまざまだ。

一人前の基準には、年齢によるものと能力によるものがある。

年齢によるものというのは、一定の年齢に達することを一人前の基準にするもので、前項でみたように、かつての日本の社会では十五歳くらいが基準となっていたし、今では二十歳が基準となっている。

能力によるものというのは、属する社会で大人としての役割を担うことができること、つまりその社会の役に立つことを一人前の基準にするもので、一定の労働力を基準とする。その基準は、主として何を生業《なりわい》とする地域であるかによって違っていたが、具体的にはつぎのようなものがあった（加藤秀俊、前掲書）。

①一日一反《たん》の田植えができること
②田の草取りを一日五畝《うね》できること
③草刈りを一日一駄できること

④草履《ぞうり》を一日に二十足作れること
⑤十貫くらいの重さの力石を担げること
⑥米一俵を担げること

このように一人前の基準が明確かつ具体的であれば、大人になるにはどんなことができるようになればよいか、どんなことができるようにならなければいけないかが非常にわかりやすい。ゆえに、子どもの頃から、大人として認めてもらうための具体的な目標をもつことができる。

かつては一人前の基準が社会を成立させている労働に直結しており、一人前の基準を満たして大人の仲間入りをすることは、社会になくてはならない役割を担うことにつながった。

ゆえに、一人前の基準を満たして大人になることで、自分はこの社会で一定の役割を果たしているのだといった使命感を自覚することができたし、自分には社会に貢献する能力があるんだという有能感をもつことができた。

ところが、今はどうだろうか。何ができるようになれば一人前とみなされるのだろうか。それがどうにもはっきりしない。成人式という大人への移行を促す通過儀礼が機能しなくなったのも、一人前の基準がつかみづらくなったためとも言える。

一人前の基準がはっきりしないため、若者は自己形成の方向性を見失いがちだったり、年齢的には大人になっても大人になった感じがしなかったり、たとえ稼ぐようになっても社会に必要な一定の役割を果たしているという自信をもつことができなかったりする。

このことが、なかなか大人になれない若者が増えていると言われることにつながっているのではないだろうか。

目ざすべき大人像が見えにくい時代と青年期の延長

共同体に不可欠な田植えなどの力仕事が一人前の基準だった時代なら、十五歳くらいで成人し、青年期は終わることになる。でも、今はそんな単純な社会ではない。産業技術も社会の仕組みも複雑になり、社会で役に立つ仕事に就くために必要な知識や技術が高度化し、学校での修業年限が長期化するにつれて、一人前になるまでに時間がかかるようになり、それにともなって青年期が終わる時期はしだいに遅くなってきた。

今の日本では、成人式というのは二十歳で行われる。それは、二十歳になれば一人前になって青年期は終わるとみなしているということだ。ところが、科学技術や産業構造の高度化・複雑化は止《とど》まるところを知らず、高学歴化も著しく進み、今や二十歳で青年期が終わるとはとても言えない状況になっている。

大人とは、所属する社会において一人前の役割を担うことができることを指す。それゆえ社会人という言い方もあるのだ。社会人というからには、青年期を脱する条件は、職業に就いたり、結婚して親になりつぎの世代を育てたりするなど、何らかの社会的役割を担うことだといってよい。

そうなると、今の時代、青年期が二十歳で終わるとみるのは無理がある。

二〇〇九年には大学進学率が五割を超えたが、二十歳というのは大学生活の真っ直中だ。とても一人前とは言えない。

それに、高校や大学を出ても定職に就かないフリーターやニートが急増し、深刻な社会問題になっている。

大学院進学者も増え、学生の身分のまま二十代後半に突入する若者も珍しくない。職業に就いて経済力を得ても、親元を離れず、家事でも心理的にも親に依存したまま独立せずに二十代後半から三十代を迎える若者も増え、パラサイト・シングルなどという言葉も生まれた。

このような時代の二十歳を一人前の大人になる時期とみなすのは、どう見ても適当ではないだろう。そこで、青年期の延長ということが言われるようになってきた。心理学者によって、具体的に想定する時期は異なるものの、青年期の終わりは二十歳から少なくとも三十歳くらいに引き上げるべきではないかという点でだいたい一致している。

現代のモラトリアムと大人になりたくない心理

前述したようにエリクソンは、若者はモラトリアムという猶予期間を一時的に経験し、そのなかで試行錯誤しながらアイデンティティの確立に向かうという道筋を想定していた。ところが、前項でみてきたように、現在の日本ではモラトリアムからなかなか抜け出そうとしない若者が目立つようになってきた。

どうだろうか。自分自身の心の中に、子どもと大人の境界線上の、こんな中途半端な時期を一刻も早く抜け出して大人になりたいという思いがあるだろうか。むしろ、まだまだ大人になりたくない、このまま自由に漂っていたいという思いの方が強いのではないだろうか。

実際、学生たちに尋ねても、社会に出て働いている大人たちを羨む気持ちはなく、自分たちのほうがずっと自由だし、できることなら大人になりたくない、という者が圧倒的に多い。

それにはモラトリアムという時期が非常に居心地の良いものになってきたということが関係している。居心地が良いのであれば、あえてその時期を脱せずに厳しい大人としての人生へと歩み出さない若者が出てくるのも当然といえる。

このような傾向は、フリーターやニートのように社会に根を下ろそうとしない、あるいは根を下ろせない若者が急増した二〇〇〇年頃から顕著になってきたが、大人になりたくない若者、大人になろうとしない若者の問題は、すでに一九七〇年代から青年心理学の領域では論じられていた。たとえば、精神医学者笠原嘉《かさはらよみし》は、三十歳前後までを青年期とすべきだと主張した（笠原嘉・清水将之・伊藤克彦編『青年の精神病理 1』弘文堂、一九七六年）。

大人になりたくない若者の登場が話題になり始めた頃、精神分析学者小此木啓吾《おこのぎけいご》は、新たなモラトリアム心理の出現を指摘している。小此木は、従来のモラトリアム心理の特徴として、つぎのような点をあげている（小此木啓吾『モラトリアム人間の時代』中央公論社、一九七八年）。

①半人前意識と自立への渇望
②真剣かつ深刻な自己探求
③局外者意識と歴史的・時間的展望

④禁欲主義とフラストレーション

そして、そのような従来のモラトリアム心理と対比させながら、現代のモラトリアム心理の特徴として、つぎのような点をあげている。

①半人前意識から全能感へ
②禁欲から開放へ
③修業感覚から遊び感覚へ
④同一化から隔たりへ
⑤自己直視から自我分裂へ
⑥自立への渇望から無意欲・しらけへ

こうした傾向は、その後ますます顕著になってきているのではないだろうか。

現代的なモラトリアムは、アイデンティティ確立のための通過点として機能していない。むしろ若者たちは、そこに居座ろうとする。それには、小此木も指摘しているように、モラトリアムという時期の変質が大きく関係しているといってよいだろう。

モラトリアム心理の変質

かつてのモラトリアムというのは、半人前扱いで肩身が狭く、権利も大きく制限され、不自由で居心地が悪いため、若者はそんな状態を脱して早く一人前の大人になりたいと思った。つまり、かつてのモラトリアムは、義務はないけど権利もなく、一刻も早く抜け出したい不自由な時期だった。

それに対して、現代のモラトリアムは、義務はないのに権利はあるため、いつまでも抜け出したくない自由で気楽な時期といった感じになっている。たとえば、アルバイトでもすれば、消費者としての権利を享受できる。定職に就かず、稼ぎがすくなくても一人前に意見を主張することができる。

そうした変化には、物質的に豊かな社会、価値観の多様化、技術革新による変動の激しい社会といった要因が関係しているといってよいだろう。

かつての貧しい時代と違って、学生でさえさまざまなアルバイトをして金を稼げるようになった。社会にがっちりと組み込まれなくても、たとえばアルバイターでもそれほど不自由せずに暮らしていけるし、消費者としての権利を行使しながらそこそこ楽しく過ごすことができる。

価値観が多様化し、こう生きるべきといった規範が崩れ、どんな生き方でも認められる雰囲気があるため、定職に就かなくても、結婚しなくても、昔ほど非難されることがなく、半人前といった肩身の狭さを感じないですむ。また、親としてのアイデンティティも揺れ動き、わが子を自立へと駆り立てることなく、いつまでも可愛いわが子でいてくれたほうが淋《さび》しくないといった感じで、わが子の成長よりも自己愛を優先させる親も出てきた。

ＩＴ革命など、科学技術の絶え間ない革新により、人々の働き方もライフスタイルも目まぐるしく変わり続け、まったく先が読めないために、将来も視野に入れた最適の職業選択が困難になった。そんな時代ゆえに、無理に自己確立などせずに可能性を残しておきたい、とりあえずは自由気ままに漂っていたいと思うのも不思議ではない。

こうしてモラトリアム心理が世の中に蔓延《まんえん》し、決断を先延ばしにしていつまでも自由に漂っている若者が増えてきたというわけだ。

つかみどころのないアイデンティティ

一人前の大人になること。これは自己の確立と言い換えることもできるが、それには何らかの社会的役割を担うことができると周囲から認められることが必要となる。そこに、さらに現代では、「自分らしく」ということが加わる。単に何か社会的役割を担えればいいというのではなく、自分らしい役割を引き受けたいという思いがある。

ここで、アイデンティティについて、もう少し考えてみよう。

アイデンティティという概念を心理学に導入したエリクソンは、アイデンティティという概念を提起した著作の中で、「自我が特定の社会的現実の枠組みの中で定義している自我へと発達しつつある確信」（E・H・エリクソン、一九五九年／小此木啓吾訳編『自我同一性』誠信書房、一九七三年）であり、その感覚をアイデンティティと呼びたいと言っている。

さらに、「その主観的側面からみると、自我同一性（筆者注：アイデンティティのこと）とは、自我のさまざまな総合方法に与えられた自己の同一と連続性が存在するという事実と、これらの総合方法が同時に他者に対して自己がもつ意味の同一と連続性を保証する働きをしているという事実の自覚である」（同書）という。

つまり、エリクソンのいうアイデンティティには、つぎの三つの側面が含まれるといえる。

①自分というまとまりがあり、それが時間的に連続性を保っているという感覚

②そのような自分らしさを他者も認めているという感覚

③自分が社会的役割を担う存在になっているという感覚

①は、自分がそのときどきで気まぐれな行動を起こしているのではなく、何らかの一貫性があり、それが自分らしさだといった感じを指している。

ここで注目したいのは、②と③だ。これらが意味するのは、アイデンティティ確立の条件として、他者からの承認が必須だということ、それには社会の中で何らかの役割を

引き受けることが必要になるということだ。

アイデンティティの発達についての研究を精力的に進めている心理学者クロガーも、「エリクソンにとって、アイデンティティの最適な発達は、コミュニティの中に個人の生物学的・心理的能力および関心によく『フィットした感じ』を与える社会的役割や適所を見つけることを含むものである」(J・クロガー、二〇〇〇年/榎本博明編訳『アイデンティティの発達――青年期から成人期』北大路書房、二〇〇五年)と述べている。

このように、社会の中に自分の能力や関心によくフィットした役割や居場所が見つかったとき、アイデンティティが確立できたことになる。つまり、アイデンティティの確立のためには、他者から承認が得られ、かつ自分らしい社会的役割を担えるようになることが必要なのだ。

そうは言っても、自分はどう生きるべきか、どんな生き方が自分らしいのかという問いに答を出すのは容易ではない。しかも、周囲から認められ社会に役立つ生き方という点とも折り合いをつけなければならない。それは、青年期の後半にいる大学生にとっても、大いに頭を悩ます難題となっている。
クロガーは、大学二年生を対象とする授業の最初に、自分自身の大人としてのアイデンティティの感覚について記述してもらった。そこには、つぎのような記述がみられた（以下、筆者訳）。
「アイデンティティの感覚というのは、たえず変化するものだと思います。僕はまだ自分が確かなアイデンティティをもっているとは思いません。僕は価値観や素質をもってはいるけど、これが自分だ、これが自分が信じているものだと自信をもって言うことはできません。それだけです。いつかそう感じられるのかどうか僕にはわかりません。というより、僕には、自分に確固としたアイデンティティがあると感じさせてくれるものが何なのかもわからないのです」（十九歳）
「まわりの人に左右されて『私のあり方』を変化させるのをやめたときに、私は自分自身のアイデンティティを手に入れたと確信しました。周囲の人に関係なく、自分が何になりたいのか、何になれるのかが明確になって初めて、私は自分のアイデンティティを

手に入れたのだと知りました。それはごく最近起きたことで、私はまだ取り組み中なのです！」（二十二歳）

このように、「これが自分だ！」みたいに自分を押し出す文化のもとで育つアメリカの大学生にとっても、アイデンティティというのはこんなにつかみどころがないものなのだ。ましてや周囲に合わせて浮遊することの多い日本文化のもとで育つ僕たちにとって、アイデンティティをつかむのは容易なことではない。

プロテウス的人間

モラトリアムを維持しながらも、限りなく自己実現を求め続ける人物。それが新たな時代の適者かもしれないといって、プロテウス的人間という生き方を描いたのは社会学者リフトンである。

プロテウスというのは、自分の姿をヘビやライオン、竜、火、洪水などに変幻自在に変えることはできるのに、自分自身のほんとうの姿を現すことのできないギリシア神話の海神の名前だ。

プロテウス的人間とは、環境の変化に応じて自分自身を変身させ、そのつど自己の可能性を最大限発揮しようとするタイプを指す。

このように一見すると一貫性がなく、バックボーンが欠けた人物は、変動の少ない伝統的社会の価値観からすれば、主体性がなく、安定せず、信頼できないといって否定的に評価されたはずだ。

でも、現代ではどうだろうか。こちらがある仕事に身を捧《ささ》げようとしたところで、働き盛りの頃にはその仕事がなくなっているということだって、十分あり得るのだ。このような変動の激しい時代を生き抜くには、まさにプロテウス的な生き方が求められているのではないか。

職業選択がなかなかできない若者が増えているのも当然のことだ。こんなに変動の激しい時代なのに、仕事を一生ものなどと大げさに考えるから決断ができなくなる。とりあえずは今の状況で最善と思える選択をすればよい。

判断を誤ることはよくあることだし、やってみなければ自分に合うか合わないかなんてわからない。どうしても合わなければ変えればよいだけのこと。状況が変われば、それに応じて仕事を変えることもあるだろう。それは、根気がないなどと非難されることではない。状況が変わったということは、判断の前提が変わったわけだから。

そんなふうに状況に応じて新たな価値観や仕事に柔軟に自分を適応させていく。しかも、いい加減とか中途半端というのではなく、それぞれの時点では自分が傾倒する役割に没頭し、全力で立ち向かう。ただし、そこに自己のアイデンティティを限定せずに、別の可能性にも自己を開いておく。気になることには目を向ける気持ちの余裕をもつ。このような生き方こそが、変動の激しい現代にふさわしい生き方と言えないだろうか。

ただし、プロテウス的生き方を押し通すには、自己を防衛したりせず、あらゆるものに心を開き、一面的にならないのはもちろんのこと、幅広く揺れ動き、あらゆる局面に身をおきながらも、けっして統合力を失わないような強さと柔軟性が求められる。

会社や組織のような所属集団や肩書に心の安定を求めることなく、その時々に自分がとくに価値を感じるものにすべてをぶつけていく生き方は、一貫性がなく意志が弱いとか気まぐれなどとする保守的人間の評価とは逆に、じつは強靭《きょうじん》な意志、繊細で鋭敏な感覚、宙ぶらりんの状態をもちこたえられる忍耐力がなければならないのである。

柔らかいアイデンティティの時代

だれにもいろんな可能性がある。でも、これまでは、ひとりの人間のもつ多様な可能性の中からひとつを選び取ると、他のすべてを捨てるというのが一般的だった。

アイデンティティを確立するというのは、それ以外の可能性を切り捨てること。それによって自己を特定の社会的役割に縛りつけること。そのようにみなされてきた。大人になるというのは、ある意味では諦めることだ。そんなふうにも言われてきた。

でも、僕たち人間は、そんな単純にはできていない。非常に多面的な存在だ。技術的なことに興味をもつこともあれば、芸術的なものに惹《ひ》かれることもある。科学的なことに関心をもつこともあれば、文学的な世界に引き込まれることもある。現実的な社会問題が気になることもあれば、メルヘン的な世界に浸りたくなることもある。そんな自分をたったひとつの生き方に封じ込めるなんて不可能だ。僕自身、いつもそんなふうに思って生きてきた。

自分をひとつの可能性に封じ込めるような生き方を貫くには、他の自分を抑圧し続けなければならない。そのために多大なエネルギーを消耗する。そもそも固定的なアイデンティティというものによって多様性をもつ自分の人生を単線化するのは、労働の分業によって社会を安定化させるためとみることができる。

ところが、社会そのものの変動が激しくなり、労働の形態も著しく変化する今日、無理して自分の人生を単線化したとしても、社会のほうが変わってしまい、適応できなくなるということも起こってくる。

それならば、なにも無理をして自分をひとつの道に封じ込めなくてもいいじゃないか。そう考える若者が増えてくるのも当然だろう。そこまで整理して考えているわけではなくても、どこかでひとつの社会的役割に徹しきれない自分をもてあまし気味になる。

大人になれない若者とか、モラトリアムから抜け出そうとしない若者の増加は、現代という時代状況が生み出した現象といえる。もともとモラトリアム的な生き方は、夏目《なつめ》漱石《そうせき》の描く世界の高等遊民のように、特権階級でないと享受できないぜいたくなものだった。

『それから』の主人公代助は、三十歳になっても親のすねをかじる独り身で、働きもせずに一日じゅう本を読んだり、音楽を聴きに行ったりして、気楽に暮らしている。そんな代助に向かって、

「三十になって遊民として、のらりくらりしているのは、如何《いか》にも不体裁だな」と父親が説教する。代助は表向きはわかったような返事をするものの、内心は全く意に介していない。

「代助は決してのらくらしているとは思わない。ただ職業の為に汚されない内容の多い時間を有する、上等人種と自分を考えているだけである。親爺がこんな事を云うたびに、実は気の毒になる。親爺の幼稚な頭脳には、かく有意義に月日を利用しつつある結果が、

自己の思想情操の上に、結晶して吹き出しているのが、全く映らないのである。」（夏目漱石『それから』新潮文庫、一九八五年）

森鷗外《もりおうがい》や木下杢太郎《きのしたもくたろう》などは、医者という職業的アイデンティティに収まりきらない自分を無理やり封じ込めずに、文学という世界をもつことによって、自己の多面性を生きた。そのような人物は昔からいたが、きわめて希《まれ》だった。

豊かな時代。価値観が多様化した自由な時代。変動の激しい時代。そんな時代状況のせいで、自分を封じ込めない生き方が大衆化した。このように考えると、大人になれない若者の増加という現象にも、否定的側面だけでなく肯定的な側面もあるように思われる。

そんな視点からすれば、今の時代に求められるのは、個人をひとつの道に封じ込めるような硬いアイデンティティではなく、さまざまな可能性に開かれており、試行錯誤や方向転換を続けても壊れないような、いわば柔らかいアイデンティティをもつことなのではないだろうか。

アイデンティティ拡散

アイデンティティをめぐる問いと格闘しているうちに疲れてしまい、自己探求の気力が失《う》せてしまうことがある。

「自分はどう生きたらいいんだろう」「どんな生き方が自分らしいんだろう」「自分がこの世ですべきことって何なんだろう」などといくら考えても答が見つからない。そんなとき、読書したり思索に耽《ふけ》ったりして、あくまでも自己探求を続ける人もいるが、それは今では少数派だろう。

たいていは、「もう、いいや」という気持ちになり、考えるのをやめる。「なるようにしかならない、もう考えるのはやめよう」ということになる。もともとアイデンティティをめぐる問いを意識することなく、何となく漂っている人もいる。

いずれにしても、自分というのがわからない状態、アイデンティティというようなまとまりがなく、自分がばらばらに浮遊しているような状態、それをアイデンティティ拡散という。

エリクソンは、自分にまとまりがなくなるアイデンティティ拡散の心理状況の特徴として、つぎのような傾向をあげている。

第一に、親密性の回避。人と一緒の場面では異常に緊張し、相手に呑《の》み込まれる不安に駆られるかのように深くつき合うことを警戒する傾向のことだ。人との心理的な距離のとり方がよくわからなくなり、親密な関係を拒否して、形式的なつき合いをもつだけだったり、孤立気味になったり、極端な場合は引きこもったりする。

呑み込まれる不安とは、相手に圧倒され、自分が崩れてしまいそうな不安のことだ。あまりに安定感があり堂々としている人を前にすると、圧倒され、近づきがたい感じになる。それは、安定した足場をもたない自分が頼りなく感じられ、堂々とした相手に比べてちっぽけでみすぼらしく感じられるからだ。

人との心理的距離のとり方がわからずに人と距離を置こうとする傾向は、多くの若者にみられる。自分が悩んでいることとか、ほんとうに気にしていることを言えずに、軽いノリでどうでもよい言葉のやりとりをして笑い合う姿を見ていると、まさに疑似親密の世界に逃避しているかのように思える。

疑似親密とは、表面的な親しさに終始し、お互いの関心事や不安や悩みなど内面を深く共有することがなく、気持ちのつながりが希薄な関係のことを指す。

そのようなあたりさわりのない会話に抵抗があるタイプや空気を読むのが苦手なタイプは、孤立したり、ひきこもり気味になったりして、疑似親密の世界からもこぼれ落ちてしまいかねない。

第二に、時間的展望の拡散。未来に向かって着実に進んでいるといった感じになれず、健全な時間的展望を失ってしまうことを指す。特徴的なのは、時間的切迫感と時間の流れに対する無力感だ。

たとえば、もうダメだ、間に合わないといった危機感に苛《さいな》まれたり、時間が経てば物事が好転するだろうといった楽観的な展望がもてなくなったりする。

カウンセリングを受ける生徒や学生が多くなっているのも、そのうち何とかなるだろうと自分や時間を信じて楽観することができず、後ろ向きに悩みがちな人が多いことを暗示している。

第三に、勤勉性の拡散。どうしても勤勉になれないことを指す。何となくやる気になれず目の前の課題に集中できなかったり、たとえば読書過剰のような一面的な活動に自己破壊的に没頭したりして、通常の意味での勤勉さが失われる。

今取り組むべき目の前の課題に集中できない、やらなきゃいけないことはわかっていてもやる気がしない。これは多くの若者が陥りがちな状態と言える。

第四に、否定的アイデンティティの選択。否定的アイデンティティとは、周囲から承認が得られにくい社会的に望ましくないアイデンティティのことだ。つまり、自分の家族や世間によって望ましいとみなされている役割に対して、敵意や軽蔑を示し、期待されているものとはまったく違う役割、むしろ家族や世間から否定的にみられている役割を身につけようとする。

たとえば、自堕落な生活をしたり、望まれない職業選択をしたり、いつまでも職業に就こうとしなかったりする。フリーターやニートの増加は、家族から望まれ、世間から認められるような役割を身にまとわないという点において、まさに否定的アイデンティティを選択していると言える。

意図して選択しているわけではなく、本人自身もこれではいけないと苦しんでいても、そこからなかなか抜け出せない。そこには、親密性の回避、時間的展望の拡散、勤勉性の拡散といった要素も絡み合っている。

このように、アイデンティティが拡散すると、自分の生活にまとまりがつかず、混乱し停滞した状態になりがちだ。

希薄化していく自分と他者からの承認

二〇〇〇年から二〇〇一年にかけて、僕は「現代の大学生の心理と行動」という教育講演を各地で行ったことがあるが、その中で当時の若者の起こした大きな事件を引き合いに出しながら、若い世代に見られる自分の存在感の欠如について解説した。

「透明な存在」と自らを称したのは、一九九七年に神戸で起こった衝撃的な連続児童殺傷事件（別名「酒鬼薔薇《さかきばら》聖斗事件」とも呼ばれ、当時十四歳の中学生による連続殺傷事件で、二名が死亡し三名が重軽傷を負った）を引き起こした少年である。

その少年を担当した野口善國《のぐちよしくに》弁護士は、その少年と二〇〇〇年に西鉄高速バス乗っ取り事件（当時十七歳の少年が西鉄バスを乗っ取り乗客三人を切りつけ、一人が死亡し二人が負傷した）を引き起こした佐賀市の少年の姿が重なって見えるという。

二人の底流には、自分が生きている実感すら持てない自己評価の低さがあり、存在感が薄れていく自分を何とか世間に認知させたくて事件を起こしたのではないかと言う（朝日新聞、二〇〇〇年六月九日夕刊）。

自分の存在感を取り戻すためには、他者から認知されること、認められることが必要になるというわけだ。その後も、薄れゆく自分の存在感を何とか取り戻そうとするあがきのような事件がいくつも起こっている。自分の力を誇示し、世間をアッと言わせたいといった動機による犯行とみなさざるを得ない無差別殺傷事件がその典型だ。

衝撃的だったのが二〇〇八年の秋葉原を舞台とした無差別殺傷事件だ。そこでは二十五歳の青年が十七人もの人々を殺傷した。その青年は、ネット上で理想的なキャラを演じていたのだが、自分になりすました人物によるいたずらの書き込みによって、ネット上での自分のキャラを打ち消され、自分のかけがえのなさから疎外されていった。

ネット上で「自分という人間の存在を認めよ」「きょうも華麗に無視されてます。皆さん、私の存在そのものを否定していますよね」などといった書き込みをしており（土井隆義「キャラ化する人間関係」『児童心理』二〇一三年八月号より）、満たされない承認欲求にいかに苦しんでいたかがわかる。

裁判で被告となったその青年は、事件を起こした動機について、掲示板で自分になりすます偽者や、荒らし行為や嫌がらせをする人が現れたため、事件を起こしたことを報道を通して知ってもらいたかったのだと供述している。そうすれば嫌がらせをやめてほしいと言いたかったことが伝わると思ったというのだ（芹沢俊介・高岡健『「孤独」から考える秋葉原無差別殺傷事件』批評社、二〇一一年より）。

このような事例は特殊なものではあるが、人はそれほどまでに自分の存在感にこだわり、存在感の希薄化に苦しむのだということがわかる。そして、存在感を取り戻すために、他者からの承認を求める。

社会に居場所のない自分

他者から承認される自分になるには、何らかの社会的役割を担うことが手っ取り早い。そうすれば、とりあえず一人前の人物として認められる。

青年期のアイデンティティをめぐる混乱の中核は、自分を社会にどうやってつなげていくかということだ。この世の中に自分の足場を築くこと。

エリクソンは、目の前の大人が働くのを見て、自分を振り返りながら、これまでに身につけてきた役割や技術を現実の職業とどう結びつけるかが、青年にとっての最も切実な課題になるという。

まだ実社会経験のない青年にとって、自分の能力やスキルがどんな職業に活かせるのか、どんな職業なら何とかやっていけそうかということがなかなかわからない。昔のように目の前で親が働く姿を見る時代と違って、職業の実感がない。社会に出ることに不安を覚える若者が多いのにも、それなりの理由があるわけだ。その意味では、インターンシップ制度などの職業体験・職場体験が活用されるようになってきたのは望ましいことと言える。

ただし、若者は自分に何ができるかということで悩むだけではない。抽象的思考能力が発達し、いかに生きるべきかなどと大げさに考えないにしても心のどこかで生き方を模索している青年にとって、ただ社会的役割を担って働いている大人たちを見ても、それが必ずしも立派な生き方をしているように見えない。

そこで、どんな生き方を身につけるべきかということをめぐって価値観が重要なテーマとなってくる。

エリクソンは、宗教者ルターの自己形成を検討した著作『青年ルター』（エリクソン、一九五八年／西平直訳『青年ルター　1・2』みすず書房、二〇〇二―二〇〇三年）の中で、何かに傾倒したいという欲求はアイデンティティ危機のひとつの側面だと指摘している。

何かに傾倒したい。それと同時に、何かを拒絶したい。特定の個人に傾倒したり、思想に傾倒したり、何らかの活動に傾倒したり、だれかを拒絶したり、社会を批判したり。

そこで起こっているのは役割の拡散だ。何かの役割を担いたい、何かに傾倒したいという思いは強いのに、傾倒すべきものが見つからない。その混乱が、ときに冷静な第三者の目には訳のわからない行動をとらせる。偏った思想集団や活動に身を捧げるというようなことも起こってくる。

新興宗教やそれに類する集団活動に身を捧げようとする若者たちの問題も、けっして特殊なものではなく、一般的な青年期的心性によるものとみることができる。

意味のある人生を生きたい。社会の中で必要とされる存在になりたい。でも、どうしたらよいのかわからない。自分を社会にどうやってつなげるか。社会の中に自分の納得のいく居場所をつくることが切実な課題になってくる。

第4章　自分らしさはどうしたら手にはいるのか

自分はどんな生き方をしているか

自分というのは、だれにとっても一番身近な存在だ。人が何を考え何を思っているのかはよくわからないし、どんな生い立ちなのかもわからない。でも、自分のことなら当然よくわかっている。

そのはずなのに、改めて自分と向き合おうとすると、どうもよくわからない。「ここにいる自分」ははっきりと実感できるのに、それをとらえようとしても、どうにもつかみ所がない。

「自分とは何か」という問いをめぐってあれこれ思い悩む。これがアイデンティティをめぐる葛藤《かっとう》だ。

それに対しては、さまざまな答を出すことができる。名前、所属や社会的地位、容姿・容貌などの外見的特徴、学業能力・対人関係能力・運動能力などの能力的特徴、性格的特徴など、自己のさまざまな側面について答えることができる。

でも、このような自己の側面をいくら並べ立てたところで、「ここにいる自分」というものは見えてこない。そうしたモザイク的に並べられた自己の諸側面の背後に、自分らしさの核心がある。そんな気がするのだが、それがつかめない。紛れもなくこの人生を生きている自分というものがいるのに、その姿をとらえることができない。

この行き詰まりを脱するひとつの手段として、僕が提案してきたのが、自己というものを実体視するのをやめることだ。自分というものをこの身体《からだ》をもちここにいるものとみなすのではなく、たとえば「自分とはひとつの生き方である」とみなす。そうすると、自分を振り返るということが、非常に具体的になり、やりやすくなる。

そこでは、「自分とは何か」という問いは、「自分はどんな生き方をしているのか」という問いに形を変える。

自分って何だろうなどと抽象的に考えていくと、わけがわからなくなり、行き詰まってしまう。でも、自分はどんな生き方をしているのかという問いなら、まずは自分がどんな人生を送ってきたのか振り返ればいい。そして、この先どんな人生になりそうか、自分はどんな人生にしたいのかといったことを具体的に考えてみればいい。

自己にまつわるエピソードに着目する

自分のことをわかってほしいと思うとき、僕たちはどんなふうに自己を語るだろうか。ふつうは自分にまつわる過去のエピソードを語るはずだ。こんなことがあった、あんなことがあったというように、とくに自分らしさをあらわすと思われるエピソードを語っていく。

それらのエピソードは個々バラバラに語られるのではなく、そこにはストーリー性が与えられる。

こんなことがあって、自分はその時こんなふうに思った。自分はこんな失敗を繰り返してきたけど、その背後にはじつはこんな思いがあるんだ。こんな経験をしてきたが、それがその後のこんな自分につながっている。

このように、数ある過去のエピソードの中から、今のこの自分がどのようにして形成されてきたのかをわかってもらうのに最も有効と思われるエピソード群を引き出し、それらを効果的に配列しながら語っていく。

たとえば、自分の人柄という意味での人物像について、「内気、消極的、おとなしい、控え目、気が強い、頑固、明るい、おしゃべり、ユーモアがある、よくふざける」のように、形容詞を並べて描写することもできる。でも、このような個々バラバラな要素をただ羅列しただけだと、具体的な人物のイメージが湧かない。

それに対して、「自分は内気で、人見知りする方で、よく知らない人の前では消極的でおとなしく控え目にしているけれども、じつは気が強くて頑固なところがあって、親の言うことにはいちいち反発するし、また明るくユーモアがある方で、仲のよい人たちの前ではよくしゃべり、いつも冗談を言って笑わせている」のように、各要素を具体的な場面と結びつけて描写すると、個々の要素間に有機的な結びつきができて、具体的な人物像が鮮明に浮かび上がってくる。

実際、自分のことをわかってほしくて人に語るときは、個々の要素をバラバラに並べるというよりも、具体的な人物像が浮かび上がるように、具体的場面と結びつけたり、個々の要素間につながりをつけたりして語るのがふつうだ。

さらに、こんなことがあった、あんなことがあったと、具体的なエピソードが添えられることで、より生き生きとした人物像が浮かび上がってくる。

性格心理学の生みの親とされるオールポートは、個人を深く理解するには、さまざまな性格特性（内向的、活動的、神経質など、性格を構成する要素）をそれぞれどの程度もっているかを知るだけでは不十分だという。たとえば、支配性、外向性、自信といった性格特性で高得点を示したとしても、その人物が好ましい指導者なのか、それともただの傲慢な人物なのかはわからない。

そこでオールポートは、個々の性格特性を結びつけて具体的な人物像を浮かび上がらせるために、日記や手紙といった個人的文書を活用する必要があるという。これは、まさに具体的なエピソードの中にこそ人物像が生き生きと表現されていることを指摘するものといえる。逆に言えば、具体的なエピソードなしに個人の人物像をつかむことはできない。

生き方の心理学を展開したアドラーは、人が自分自身と人生に与える意味を的確に理解するための最大の助けになるのは記憶だという。記憶というのは、どんな些細《ささい》なことと思われるものでも、じつは本人にとって何か記憶する価値があるのだ。

ゆえに、自分にまつわるエピソードを思い出し、語るとき、重要なのはエピソードそのものではなく、そのエピソードがとくに記憶され、想起され、語られたということなのだ。そのようなエピソードには、本人の生き方が反映されている。そのエピソードが本人の人生の流れの中で何らかの意味をもつからこそ、わざわざ記憶され、想起され、語られるのだ。

湯川秀樹の孤独な自分のエピソード

「私にとっての最初の明確な自己発見は、自分が孤独な人間だと強く感じたこと、そのことであった」（湯川秀樹《ゆかわひでき》『自己発見』毎日新聞社、一九七二年）と言うのは、ノーベル物理学賞を受賞した湯川秀樹博士だ。湯川氏は、つぎのようなエピソードを語っている。

中学一年の夏休みに学校から生徒みんなが三週間ほど海水浴に連れて行かれた。着いた初日の午後、仲良し同士で二人組をつくっておくようにと先生から言われた。というのは、貧しい時代だからだったのだろうが、夜寝るとき一枚の布団に二人ずつ寝ることになっていたからだった。そのうち夕方になったが、友だちはみんな相手を決めていたのに、自分だけはだれにも声をかけることができず、だれからも声をかけられることがなかった。不幸にも生徒の数は奇数だった。布団を敷きだしたが、自分の行き場はない。そのときの何とも言えない悲しい気持ちが、ずっと消えずに心の奥に残っている。先生は、半端になった自分のために、幅の狭い布団を用意してくれた。

湯川氏は、この小さな出来事が、後になって考えてみると、その後の自分の考え方、生き方に、相当な影響を及ぼし続けているように思うという。

「もともとあった内向的な傾向が、急速に強くなっていった。自分とうまくつながらない外の世界、その中で孤独になった自分にいったい何ができるのか。この世の中でいったい何をして生きていったらよいのか。そんなことをだんだんと深く考えるようになっていった。」（同書）

外の世界とのズレを感じ、自分を外の世界とどうつないでいけばよいのか悩むというのは、第3章でみてきたように青年期の典型的な葛藤だ。そんなとき、ちょっとした経験が自己発見のきっかけとなったりする。

湯川氏の場合、このような孤独な自分の発見が、文学や哲学への耽溺《たんでき》を経て、「自分は結局、学者になるしかない、それも世間との交渉のできるだけ少ないような学問の分野に入ってゆくしかない」（同書）といった思いにつながったという。

「この自己発見は、私からいろいろな迷いを追いはらってしまった。大学へ入ってからの私の気持ちは安定していた。孤独な人間であるという気持ち自身が、自分の選んだ道

を一人で歩くのだという青年期の気負いに変わりつつあった。」（同書）

このように、具体的なエピソードを示されると、その人物像を鮮明にイメージすることができる。

自己理解も同じだ。とくに印象深く記憶に刻まれているエピソード。しょっちゅう思い出すエピソード。過去を振り返ると、すぐに思い出すエピソード。とても懐かしいエピソード。あの出来事が自分にとって大きかったなと思うエピソード。そうしたエピソードを拾い集めることで、自分らしさが浮かび上がってくる。

自己物語という視点

自己を語るのは、相手に自分のことをわかってほしいからだ。それなら、その語りは他の人にとってもわかりやすいものでなければならない。人が理解しやすいのは、意味をもったまとまりだ。

ある出来事があって、その結果ある事態が生じた、自分の中にある変化が生じたというようなわかりやすい流れがなければならない。そうした流れの延長に今の自分があるのだということが説得力をもって語られなければならない。

このように自己はひとつの物語として語られる。そして、自己理解というのも、そのような語りを通して深まっていく。そこで、僕は、自己物語の心理学を提唱してきた。

「自己物語の心理学とは、人はだれもが物語的文脈を生きており、その物語的文脈に沿って目の前の現実を解釈し、日々の行動のとり方を決定し、また自分の過去を回想し、自分の未来を予想するという立場をさす。」（榎本博明『〈ほんとうの自分〉のつくり方』講談社現代新書、二〇〇二年）

自己物語とは、自分の行動や自分の身に降りかかった出来事に意味づけをし、諸経験の間に因果の連鎖をつくることで、現在の自己の成り立ちを説明する、自分を主人公とする物語のことを指す。

自己物語の形成にあたっては、僕が自己物語化と名づけた解釈のプロセスが動いている。自己物語化とは、現在の自己の成り立ちを説明できるような自己物語を構築するために、時間的流れの中に因果の連鎖をつけながら各エピソードを位置づけていくことを指す（榎本博明「語りを素材に自己をとらえる」、榎本博明・岡田努編『自己心理学1　自己心理学研究の歴史と方法』金子書房、二〇〇八年）。

自己物語化では、世代間の流れや起承転結の流れを用いて因果関係でつなぐということがよく行われる。それについて、少し具体例を出して説明しよう。

世代間の流れを用いた自己物語化

世代間の流れをもとにして因果関係でつなぐというのは、親からこんなふうによく言われた、親がこういうタイプだった、だから自分はこうなったというような流れで、今の自分を説明することを指す。

たとえば、親が非常に厳しかったから、責任感が身についたけど、目上の人に対して緊張して親しみにくい感じになったというのは、この種の自己物語化といえる。

自分のもつ特性や生き方の特徴に関して、親など上の世代から自分へという因果の流れをつくることで、自分のもつ特性や生き方の特徴を時間的流れの中に位置づけることができる。現在の自分の好ましい特徴の由来がうまく説明できるということは、それがたしかに自分の中にあることの証明になる。その際に、過去経験は自己あるいは自分の人生の流れを正当化し、妥当化する方向に整理される。つまり、現在の自己イメージを安定化させ、妥当なものとするために、過去経験をうまく利用するのだ。

このように、過去から現在に至る納得のいく流れの中に今の自分を位置づけようという形で自己物語化が進行し、それによって自己の受容が進んでいく。

その典型が、両親の生き方を自分が受け継いでいるようだといった類の自己物語化である。たとえば、父親が非常に情の深い人だったことが今の自分に大きく影響しているというような説明の仕方をする人がいる。父親は人に親切にするということをいろんな場面で身をもって示してくれたといって、自分の子ども時代のいくつかのエピソードを語る。そのような父親の態度や行動を見て育ったため、いつの間にか自分の中に人に対して親切な態度や行動をとる傾向が植えつけられたように思うという。

祖母の類い希《まれ》な厳しさのお陰で今のきちんとした自分があるというように、親のさらに上の世代を持ち出す自己物語化もある。たとえば、友だちも学校の先生も「おばあちゃんに怒られるから帰りなさい」と言うくらいに厳しい祖母だったという人がいる。良い意味で怖いおばあちゃんだった。虐待という言葉が今はよく言われるけど、そんなんじゃなくて、どんなにきついことを言われても自分が悪いと思えた。その祖母の厳しさが、今の自分の責任感や忍耐強さにつながっている。そのように説明する。祖母の厳しいしつけがあったから、たいていのことには耐えられる人間になれたという。

このように、親によく言われた、親が身をもって示してくれた、親の生き方を自分が受け継いでいるように思うなどと、上の世代から今の自分へという因果の流れをつくることによって、自分らしさの一端をつかむことができる。

起承転結の流れを用いた自己物語化

起承転結の流れを用いて因果関係でつなぐというのは、こんなことがあって自分はこういう性格になった、こういう価値観をもつようになったのはあの出会いの影響が大きかったなどと、今の自分にとってとくに意味のある出来事を因果関係でつなげていくことを指す。

小学校の頃に、父親の勤務先が突然倒産したり、母親が病気がちだったりして、学校から帰ると家事をしなければならず、他の子が羨ましかったけど、あの辛《つら》い時期を何とか乗り越えられたのが自信になっていて、たいていのことではへこたれずに頑張っていけると思うというのは、この種の自己物語化といえる。

いつも親から叱られ、先生にも友だちにも見捨てられている感じで、もう何もかもイヤだって思っていたとき、厳しく叱るけど期待してくれているのがわかる先生と出会って、その頃から勉強もするようになったし、まじめに生きなきゃダメだと思うようになったというのも、この種の自己物語化といえる。

自分のもつ特性や生き方の特徴に関して、起承転結の流れをつくることで、自分のもつ特性や生き方の特徴を時間的流れの中に位置づけることができる。これには、肯定的なエピソード中心の流れもあれば、否定的なエピソード中心の流れもある。

肯定的なエピソード中心の流れの代表として、「お陰様の自己物語」がある。他者の貢献に重きを置く自己物語化によってつくられるものだ。いつもだれかが導いてくれた。何でも話せる友だちができたのが大きかった。あの人のお陰で今の自分がある。そんな形の自己物語化である。自分のことをわかってくれる友だちとの出会いや自分を導いてくれる先生や先輩との出会い、親が導いてくれたなど、他者の影響とそれに対する感謝の気持ちを中心に自己物語が綴《つづ》られている。

必ずしも肯定的なエピソードが並べられるわけではなく、否定的なエピソードをあげつつ、その困難な状況を乗り越えるのに他者の存在が大きかったという形でのお陰様の自己物語もある。先述の先生との出会いを軸とした自己物語などは、これに相当する。

「さすが自分の自己物語」というものもある。自分の努力や能力に重きを置くものだ。小さい頃から人より何かができたり、優れていたりということはとくになかったけど、不思議にいつも前向きで、諦めるということがあまりなかった。いつの間にか、どんなときも諦めずに頑張る自分というイメージが自分の中に強くできあがっていた。そのような頑張り屋で前向きの自分を強調する形で自己物語を語る人もいる。

この種の自己物語の場合は、否定的なエピソードが語られる場合も、自分がそれをいかにうまく切り抜けてきたかに重きが置かれる。

たとえば、学校の成績、進路選択、部活、友人関係などで、必ずしもいつも順調だったわけではなく、逆境があったり、遠回りしたりということもあったけど、何とかうまく切り抜けてこられた、というような形で語られる。そのような自己物語には、これからもいろいろな困難に出合うだろうし、挫折することもあるだろうけど、何とかうまくやっていけそうだといった自己への信頼が感じられる。

否定的なエピソード中心の流れの代表として「乗り越えの自己物語」がある。否定的なエピソードに肯定的な意味づけをするものだ。乗り越えの自己物語の典型は、意味づけの仕方によって過去のエピソードのもつ否定的な意味合いを肯定的なものに塗り替えようとするものである。

たとえば、交通事故で家族を亡くすといった悲惨な出来事、受け入れがたい出来事に対して、肯定的な意味づけを模索しつつ語る人がいた。その家族の分も自分がちゃんと生きなければいけないと思うようになって、ダラダラしていた生活を立て直すことができた。また、自分が辛い思いをしたことで人の心の痛みがわかるようになったし、友だちや近所の人たちに励まされ、人の温かみを感じることも多くて、人間として成長できたと思う、というように。

そこにあるのは、とても悲しい出来事ではあったけれど、その悲しみを乗り越えていくプロセスを通して自分が成長し、今の自分があるといった解釈の枠組みである。このような意味づけを重ねることによって、受け入れがたかった悲惨な出来事を徐々に受け入れられるようになっていく。

だが、そこまでたどり着くには時間がかかるものだ。何とか肯定的な意味づけをしたいともがきながらも苦しんでいる段階が長く続くこともある。たとえば、父親も母親も自分勝手で、子ども時代のことを思い出すと嫌な思い出ばかりだけど、あんな両親だったから、周囲の甘ったれた人たちと違って、人に頼らず自力で自分の道を切り開いていく強さが身についたと語る人がいた。そこにあるのは、悲惨な境遇をも自分を鍛えてくれたものとして前向きにとらえようという解釈の枠組みである。ただし、まだ十分に過去との折り合いがついていないようで、友だちと話していて親の話になると嫌な気分になるし、親が偉そうなことを言うと怒りを爆発させてしまいそうになるという。

さらに、「開き直りの自己物語」もある。否定的なエピソードを乗り越えることができず、乗り越えようというよりも、開き直っているものだ。過去の否定的な出来事や境遇を乗り越えようといった意欲は感じられず、「どうせ自分は……」といった感じで、不幸な自分、ダメな自分の物語の中に安住する姿勢がみられる。挫折経験の繰り返しによって、「頑張ったって、どうせどうにもならない」「自分はどうせダメ人間だから」などといった思考スタイルをとるようになる。そうした無力感が身に染みついてしまっている感じの自己物語がその典型だ。どのような形の努力や頑張りにも根気やエネルギーがいるものだが、意志の弱い自分や怠惰な自分に安易に開き直っている面もある。

このようにさまざまな自己物語があるが、青年期の自己の探求とかアイデンティティの確立とか言われるものは、納得のいく自己物語、未来に向かって希望がもてるような自己物語の構築を意味するといってよいだろう。

自分なりに納得がいき、なおかつ自分のことを理解してほしい周囲の人たちを納得させることのできる自己物語の探求がいわゆる自己の探求であり、そのような自己物語が構築できたときにアイデンティティが確立されたという。

自己物語の破綻と書き換え

人生の転機ということがよく言われるが、それは自己物語が破綻《はたん》し、機能不全に陥ることを指している。

自己物語は、いわば自叙伝のようなもので、新たな経験を組み込みながら日々更新されている。ただし、新たな経験は既存《きそん》の自己物語の枠組みに沿って解釈され、組み込まれるため、それほど大きな変化は生じない。かりに自己物語の枠組みにうまく収まらない経験、矛盾する出来事があったとしても、可能なかぎり無視されたり、都合よく歪《ゆが》められたりして、既存の自己物語に組み込まれる。

たとえば、優等生の自己物語を生きている人の場合、試験で悪い成績を取ったとしても、「今回はいろいろあって集中できなかったから」とか「たまたま苦手なところばかり出て運が悪かった」などと都合よく解釈し、優等生の自己物語は維持される。

でも、自己物語にどうにも組み込みにくい出来事が続くと、はじめのうちは無視したり歪めたりしていても、そのうち無視できなくなる。自己物語に綻《ほころ》びが見え始める。

たとえば、これまではずっと良い成績が取れていたのに、このところ成績が伸び悩み、今度こそと頑張ったつもりなのにまた悪い成績を取ってしまう。そうなると、優等生の自己物語を維持するのは難しい。そこで、日々の更新とは別に、自己物語の大幅な改訂が必要となる。新たな状況にふさわしい新たな自己物語を再構築していく必要がある。

人生の転機というのは、このような自己物語の破綻を意味する。

そこでは、過去のさまざまな経験のもつ意味の再点検が行われ、新たな状況によりふさわしい自己物語の再構築が目ざされる。その際、自分にとって都合のよい解釈が可能な経験が拾い出され、わかりやすい流れのもとに位置づけられる。

僕たちは、過去に経験したことがらを抹消したり他の人の経験と交換したりすることはできないものの、個々の経験の重みづけや意味づけを変えることで、同じ過去経験の素材を背負いながらも、まったく趣《おもむき》の異なる自己物語を打ち立てることができる。

たとえば、受験に失敗したという事実は変えることはできないけれど、そうした事実に対して、「それまでの努力がまったく無駄に終わった。あれで自分の人生の軌道が狂った」みたいにネガティブな意味づけをすることもできれば、「あれがきっかけで将来について真剣に考えるようになった」というようにポジティブに意味づけることもできる。

スポーツの盛んな学校に転校したせいで、それまで部活で活躍していたのにレギュラーになれなくなったという事実は変えることはできないけれど、「そのために自信をなくし、のびのびした性格からいじけた性格になり、引っ込み思案で消極的になった」とネガティブに意味づけることもできれば、「そのために自信をなくしていじけたこともあったけど、頑張ってもなかなか報われない人の気持ちがわかるようになったし、ちょっと消極的にはなったけど、人間的な深みが出たんじゃないかと思う」とポジティブに意味づけることもできる。

このような自己物語の破綻と再構築をめぐる葛藤が、ときに個人を危機に追い込む。青年期や中年期が危機となりやすいのも、それまでの生き方を再点検し、ときに大きな方向転換をしていく必要に迫られる、つまり自己物語の大幅な改訂が求められるからだ。そのような意味で、人生の危機とは、現実の出来事そのものの危機というよりも、そうした出来事を意味づける自己物語の危機ということができる。

たとえば、激しい家庭内暴力を起こしたある高校生の事例をみてみよう。

この高校生は、勉強がよくできる優等生、難関高校から有名大学に進み、明るい将来が約束されているエリートとしての人生を歩んでいるという自己物語を生きていた。そのような自己物語は、親による期待によって骨組みがつくられ、その期待に応えようと頑張って成果を出すことで維持されてきた。

ところが、優秀な生徒ばかりが集まる名門中学に進んでからは、優等生としての自己物語と矛盾する試験結果を突きつけられる機会が増えてきた。はじめのうちは、今回は運が悪かった、今回は準備勉強が足りなかった、今回は体調が悪くて準備勉強に集中できなかったなどといった言い訳をすることで、だましだまし自己物語を維持することができた。でも、高校に進んでからは、より一層成績が低下し、どうにも言い訳ができない状況に追い込まれていった。

そうなると、優秀なエリートとしての人生を歩んでいるという自己物語は、目の前の現実との矛盾が多すぎて、破綻せざるを得ない。

自己物語が失われると、これまでは意味を感じることができた一連の出来事が、無意味な出来事のただの羅列になってしまう。

優秀なエリートとしての自己物語を生きていたときには、その文脈のもとで確かな意味をもっていた小学校時代の夏休みの勉強の特訓にも、もはや意味を見いだせない。みんなが楽しく遊んでいるのに塾に通い続けた自分の夏休みは何だったんだということになる。そこで、僕の夏休みを返してくれと親に迫るようになった。

自分自身の行動を方向づける自己物語を失ったこの高校生は、どうしたらよいかわからない心理状況に追い込まれ、「こんなはずじゃなかった」「いったいどうしたらいいんだ」と混乱と焦りにもがき苦しみ、ついには家の中で暴れ始める。

そんなときは、目の前の現実にうまく対処していけるような自己物語に書き換えていく必要がある。そこで大切なのは、自分の中のモヤモヤした思いを整理することだ。そのためには人に語ることが助けになる。

語ることで見えてくる自分

僕たちは、自分の心の中で経験していることをそのまま取り出して理解することはできない。経験そのものが言語構造をもっているわけではないからだ。

何だかわからないけど、心の中がざわついて落ち着かない。なぜかイライラしてしようがない。何だろう、この物足りなさは。何だろう、このイライラは。そんなふうに、言葉にならない衝動的なもの、感情的なものが、自分の中に渦巻いているのを感じることがある。

そのようなモヤモヤした心の内をだれかに伝えるには、それに形を与える必要がある。言葉によってはっきりした形を与えることで、そうした経験について語ることができるようになる。その衝動なり感情なりにどんな名前をつけ、その発生メカニズムをどのように説明するかが鍵となる。

自分について語ることが大事だというのは、語ることが自分の過去の経験や現在進行中の経験を整理することにつながるからだ。

語るためには、自分の感じていることを言葉にする必要がある。意味のある言葉の連鎖にしないと語ることはできない。語るということは、まだ意味をもたない解釈以前の経験に対して、語ることのできる意味を与えていくことだと言ってよいだろう。それによって経験が整理されていく。

僕たちは、自分についてだれかに語るとき、語りながら自分の経験したこと、経験していることの意味を生み出しながら、自分の経験を整理しているのである。

たとえば、何だかわからないけど、このところ焦っている感じがあって落ち着かないとする。そんなとき、友だちと話すことで気づきが得られることがある。

「何だかこの頃、焦ってるっていうか、どうも落ち着かないんだ」

「どうした、何かあった？」

「いや、とくに何かあったわけじゃないんだけど……よくわからないんだけど……焦ってるみたいな」

「焦ってるって、早くなんとかしなきゃ、みたいな感じ？」

「そう、そう、そんな感じ。これじゃいけないって」

「お前は何でも全力投球だからな」

「だよな、そんなところあるよな。目標喪失状態がいけないのかもな」

こんなふうに語っているうちに、自分の中のモヤモヤしたものが言語化され、整理されていく。

ふだんは温厚な性格で、人に対して怒ったり乱暴な口をきくようなことはないのに、なぜか友だちに対してキレてしまったときなども、別の友だちと話すことで、気づきが得られることがある。

「どうしたんだよ、お前らしくないな」

「うん、何か変だね、オレ」

「相当に変だよ。最近イライラしてるみたいだけど、何かあったのか？」

「オレ、イライラしてる？」

「ああ、何だかすごくイライラしてる感じが伝わってくるよ。先週もキレただろ」

「そうなんだ、自分でもなんでキレたのかよくわからなかったんだけど。でも、たしかにイライラしてるのかもしれない、そう言われてみれば」

「何があったんだ？」

「まあ、大したことじゃないんだけど、じつはね……」

こんな語り合いを通して、自分の中で起こっていることが言語化され、整理されていく。

聞き手のもつ重要な役割

ここで着目したいのは、聞き手がどのように受け止めながら聞いているかが語り手の語り口に影響するということである。そもそも聞き手の影響なしに自己を語るなんていうのは不可能なことなのだ。

僕たちは、自分にまつわる過去の出来事を無数に思い出すことができるけど、とくにこの場で何を話すかは、その都度目の前にいる聞き手の反応をモニターしながら判断することになる。

聞き手の反応があまり良くないなと感じれば、話の詳細を省略して簡単にすませたり、話題を変えたり、同じ出来事であっても視点を変えて説明したりと、語り口を変えていく。逆に、聞き手の反応が良ければ、勢いづいてその出来事についてそのままの視点で

語り続けるだろう。

このように、自分自身についてだれかに話す際には、想起する内容にしても、その語り口にしても、聞き手の反応をモニターしながら、できる限り聞き手の共感や承認が得られそうなものが選ばれる。

そうすることで、過去の出来事が新たな構図のもとに、これまでとは違った意味合いをもつ出来事として浮かび上がってくる。人に対して自己を語ることの意義は、まさにここにある。

たとえば、思い出すのも嫌な出来事があるとして、その経験を思い出すのも嫌なくらいにネガティブに受け止めたのは、過去のある時点における自分の視点である。その過去の出来事をだれかに語るとき、それは今の自分の視点から再評価されるとともに、聞き手の視点からも再評価される。

たとえば、人に話そうとして、その出来事を思い出しながら、その悲惨さや腹立ちをどのように説明しようかと考えているうちに、たいしたことではないと思えてくることがある。これが今の自分の視点からの再評価だ。

また、自分ではとんでもなく嫌な思い出として話したつもりなのに、「そんなことよくあることだよ。だれにでもあると思うよ。もっと悲惨な目に遭ってる人がいっぱいいるよ」といった調子の受け止め方をする相手と話していると、なんだか大したことじゃないような気がしてくる。人に話すことで、相手の視点を取り入れ、その新たな視点からその出来事を見直すことができるわけだ。これが聞き手の視点からの再評価だ。

再評価されるのは、過去の嫌な出来事ばかりではない。自分はこんなに頑張ってるのになぜ評価されないんだとか、自分はこんなに優しいのになんでわかってもらえないんだといった不満を抱えているような場合も、それを人に話すことで、相手の反応を通して再評価が行われる。

その結果、思ったより自分の頑張りはまだまだ足りない、みんなそれ以上に頑張っているということがわかったりする。自分は優しいと思っていたけど、意外に冷たい態度を取っていたことに気づかされたりする。

このような再評価によって、過去の経験のもつ意味が変わり、自己物語が変容していく。つまり、自己物語というのは語りの場で変容する。語り手と聞き手の相互作用を通してたえずチェックされ、再構築されていくのだ。だからこそ自己を語ることは大切なのだ。

人が悩むときだれかに話したくなる、つまり聞き手を必要とするのも、自分の抱える経験を再評価したいから、それによって行き詰まっている自己物語の書き換えをしたいからといえる。

カウンセリングも語りの場だ。カウンセラーに対して自己を語ることで、自分を悩ませている自己物語、現実に適合せずもてあまし気味の自己物語が、現実を力強く前向きに生きていくための支えとなるような自己物語に再構築されていく。カウンセリングの目的は、行き詰まった自己物語を書き換えることなのだ。

自己を語る場の喪失

自分がわからないという若者が増えている背景として、友だちづきあいの質が変わってきたということがある。

先に例示したような率直な対話がしにくい感じになっている。お互いに相手に対して思うことや感じることをそのままぶつけることがしにくい。うっかりしたことを言って相手が傷ついたら気まずいといった思いが強すぎて、率直な物言いができない。相手の言うことに「そうだよね」「うん、わかる」などと共感するばかりで、新たな視点を注入するような対話になりにくい。

たとえば、親の態度や先生の態度、あるいは友だちの態度に腹が立って、そのことを嘆いたとき、「えー、それはひどいね」「それはないよね、イラッとくるね」のように、目の前の相手の反応を肯定し共感するばかりで、「どうしてそんなこと言うんだろうね。何か事情があったんじゃないの」「それはちょっと違うんじゃないか」「そんなにムキにならなくてもいいんじゃない。向こうはそんなつもりで言ったんじゃないかもしれないし」のように、視点の転換を促す反応が少ない。

これでは上辺の反応しか返ってこないため、自分に対する気づきが得られにくい。勘違いをしていたら、ずっと勘違いのままだ。

かつて友だちというのは気をつかわなくてもよい相手だったはずなのだが、今の多くの若者は友だちにも親友にも非常に気をつかうという。どうでもいい相手なら気をつかわないけど、親しいからこそ気をつかうのだという。

二十歳前後の若者を対象に僕が行った意識調査でも、「友だちとのつき合いでもけっこう気をつかう」という人が三三・二パーセントとなっている。友だちだから何でも言えるというわけでもないのだ。

また、「友だちグループでは軽い話で盛り上がることが多い」という人が六〇・三パーセントとなっており、「そうでない」という人の比率一一・〇パーセントを圧倒的に上回っている。

一人で話しに来るときは、落ち着いた雰囲気で、どことなく暗い感じも漂わせつつ真面目な話をし、ときに親に対する不満や友だち関係の悩みを語ったり、将来に対する不安や自分自身に対する苛立《いらだ》ちを語ったりする。ところが、仲の良いグループで話しに来るときは、打って変わって明るい調子で軽口を叩く。自分のドジ話や友だちをネタにした話で盛り上がり、やたらテンションが高い。まるでお笑いタレントを中心に展開するバラエティ番組のトークのようだ。笑いをとることばかりを考えて発言する。

そんなことが多いため、たまたま一人で話しに来たときに、友だちには悩みとか不安とか話さないのかと訊《き》くと、「そんなこと言えませんよ。そんな話題出したら、みんな困っちゃうじゃないですか」「そんなこと言ったら引かれるかもしれないし、そうしたら傷つくし……無理ですよ」などと、友だちに内面的なことを言いにくい理由を口々に語る。

これではお互いに自分の内面を振り返り、まだ言葉になっていない思いを汲《く》み上げながら自分の気持ちを整理するというような語りになっていかない。

友だちづきあいでも、ウケ狙いのセリフが飛び交うばかりで、心の中のモヤモヤした思いを言語化するような対話がしにくくなっている。近頃カウンセリングが必要とされるようになってきたのは、日常生活の中に気づきを得られるような語りの場が減ってきたからと言える。

語り合いの中で浮上する自分らしさ

クーリーが自己というのは人の目に映ったものという意味で鏡映自己だと言ったように、自分らしさに気づくためには鏡となるような他者が必要なのだ。

お互いに相手を映し出すような人間関係。それは、ウケ狙いの言葉を発するだけでなく、相手について思うことを率直に口にすることができるような関係。ハイテンションで盛り上がるだけでなく、ときに自分の内面を振り返りながら、落ち着いて語り合えるような関係。そんなかかわりの中でこそ、新たな自己への気づきが得られ、自分らしさが見えてくる。

「どうしたんだ、最近ちょっと変だぞ」「そんなことでイラッとくるなんて、お前らしくないぞ」などといった友だちからの問いかけにハッとする。「そういえば、どうしたんだろう。何だかイライラしてる」と気づき、自分の内面を振り返りながら友だちに説明しようとする。そのときにモヤモヤした思いが言語化され、自分がなんでイライラしていたのかがつかめる。

友だちと話していて、「なんでそんなふうに思うんだろう。私とはずいぶん違うなあ」と感受性の違いに気づかされるとき、自分は物事の受け止め方がとても楽観的なのだということがわかり、そのためいちいちパニックになったりしないで、たいてい前向きでいられるのだと納得する。

ところが、前項でみたように、なかなか率直に語り合える雰囲気がなくなってきた。ある学生は、学校で仲間グループで話すときは、いつも楽しく笑えるネタで盛り上がるばかりで、今気になっていることをなかなか話せる雰囲気じゃないため、ハイテンションで空騒ぎを楽しんだあと、家に帰って「私、いったい何してるんだろう」と自己嫌悪に陥り、ついブログにドロドロした気持ちを吐き出したり、ツイッターで暗いつぶやきや攻撃的なつぶやきを発しているという。そんな自分がまた嫌になる。

ネットでのコミュニケーションが中心になると、対面で語り合う機会がますます乏しくなる。学校で一緒にいる友だちと、家に帰ってからもフェイスブックやラインでやりとりしているという学生も少なくない。でも、ほとんどが短い文のキャッチボールで、言いたいことを一方的に発信するだけ。感覚的な言葉を発したり、単純な情報交換や状況報告をするだけで、内面を振り返りながらモヤモヤした思いを言葉ですくい上げるような対話になりにくい。

友だち同士で一緒にいるのに、それぞれがスマホをいじっていて、何もしゃべらないので、「せっかく一緒にいるのに、なんで話さないでスマホばかりいじってるの」と訊くと、「一緒にいないときにしょっちゅうラインでやりとりしてるし、一緒にいるときに無理にしゃべる必要ないから」と言うのだった。

そのようなやりとりは、はたして気づきを促す対話になっているだろうか。文字言語での情報交換も大切なのだろうし、たえずやりとりすることで「いつも一緒にいる」と感じられ、淋《さび》しさを紛らすことができるのだろうけど、友だちとのかかわり方を少し見直してみると、自分らしさというのがもっと見えてくるのではないだろうか。

自分は多面体、いろんな可能性をもっている

自分にはいろんな面があるものだ。鈍感なところがあるかと思えば、やたら過敏で気にしすぎるところもある。心配性で臆病なくせに、意外に大胆なところもあったりする。親切さを発揮することもあるのだが、人を冷淡に突き放して見ていることもある。みんなと一緒に賑《にぎ》やかにはしゃぐこともあるけど、ひとり静かにしていることもある。いろんな面があって、何ともつかみどころがない。それが自分だ。

自己紹介をしなければならないときなど、どんなふうに話したらよいかと迷い悩むものだ。それも、自分が多面体だからだ。

自己紹介なんて、人の紹介をするわけではなく、自分自身のことを言えばいいのだから、簡単にできそうなものだが、考えれば考えるほど、自分の特徴がどこにあるのかがわからなくなる。

さらには、自分のどんな面をとくに紹介したらよいかで悩む。自分のどこを取り出すかによって、さまざまな自己像を組み立てて示すことができるからだ。だからこそ、自分のどのあたりに焦点を絞ったら、その場に最もふさわしい自己紹介になるんだろうと迷うことになる。

自己紹介をした後も、何となく落ち着かない。これでよかったんだろうか、もうちょっと違う自己紹介をした方がよかったんじゃないかといった思いが駆けめぐる。ほんとうの自分を出していないような、偽ってしまったような不全感に苛《さいな》まれることもある。

小説家の村上春樹は、そのような自己紹介をめぐる葛藤について、小説の主人公に語らせている。

「自己紹介。

昔、学校でよくやった。クラスが新しくなったとき、順番に教室の前に出て、みんなの前で自分についていろいろと喋《しゃべ》る。僕はあれが本当に苦手だった。いや、苦手というだけではない。僕はそのような行為の中に何の意味も見出すことができなかったのだ。

僕が僕自身についていったい何を知っているのだろう？　僕が僕の意識を通して捉えている僕は本当の僕なのだろうか？　ちょうどテープレコーダーに吹き込んだ声が自分の声に聞こえないように、僕が捉えている僕自身の像は、歪んで認識され都合良くつくりかえられた像なのではないだろうか？……僕はいつもそんな風に考えていた。自己紹介をする度に、人前で自分について語らなくてはならない度に、僕はまるで成績表を勝手に書き直しているような気分になった。（中略）なんだか架空の人間についての架空の事実を語っているような気がしたものだった。そしてそんな気持ちで他のみんなの話を聞いていると、彼らもまた彼ら自身とは別の誰かの話をしているように僕には感じられた。我々はみんな架空の世界で架空の空気を吸って生きていた。」（村上春樹『ダンス・ダンス・ダンス』講談社文庫、一九九一年）

このように自分のどこを取り出そうかと迷うのは、自分が多面体であるからだ。

新たな場に身を置くことで自分が見えてくる

「学校の友だちといるときの自分と、家にいるときの自分とでは、まるで別人みたいに違うんです。二重人格なんじゃないかって気になって……」

「クラスの仲間の前にいる自分と、サークルの仲間の前にいる自分が、まったく雰囲気が違ってて、どっちがほんとうの自分かわからなくなることがあるんです。これって二重人格なんでしょうか……」

大学でカウンセラーをしていた頃、そのような相談を受けることがあった。「自分らしさって何だろう?」という感じで自分を振り返るようになって、場面によって違う自分になっていることに気づく。青年期になるとだれもが経験することのはずだ。

べつに病的な意味での二重人格なわけではない。僕たちは、相手によって違う自分を出している。だれもが人格の多重性を生きているのだ。

レストランで家族と一緒に食事しているとき、すぐ後ろのテーブルで学校のクラスの仲間たちがお茶しているのに気づくと、何だか気恥ずかしい感じがする。それは、ふだん学校で見せていない自分を見られたような気がするからだ。

好きな異性と喫茶店でしゃべっているときに、親と親しい近所のおばさんたちが入ってくると、なぜか話しにくく、ぎこちない感じになる。それは、好きな異性としゃべっていると、ふだん家族の前で出していない自分がつい出てしまうからだ。

このようにだれもが相手によって違う自分を出している。

ジェームズは、人は自分を知っている人の数だけ社会的自己をもつが、同じ集団に属する人たちからは似たようなイメージをもたれているだろうから、所属する集団の数だけ社会的自己をもつという。これは、まさに僕たちが相手によって違う自分を出していることを指すものといえる。

二人きりだと話しやすいのに、三人以上になると話しにくくなることがある。とくに別のグループの人物が混じっていたりすると、何だか話しにくく気詰まりになる。それは、相手によって、あるいはグループによって、出している自分にズレがあるからだ。

意識して違う自分を出しているわけではない。だれと一緒にいるかによって、違う自分がごく自然に引き出されるのだ。こんな自分を出すのは気まずいなと感じることがある。相手によって出しやすい自分と出しにくい自分がある。何となくそれを察知して、相手にふさわしい自分、その場にふさわしい自分が引き出される。

場面そのものに、こちらの自分の出し方を規定する力があるといった感じだ。

ここから言えるのは、ふだんと違う場に身を置くことによって、いつもと違った自分が引き出されることが期待できるということだ。違うグループの子と話してみる。気になるサークルやイベントに思い切って参加してみる。新しいアルバイトにチャレンジしてみる。そこに新たな自分が顔を出してくることがある。

いつもの人間関係の中にいるかぎり、その仲間たちの視線を裏切れない。視線の拘束力は非常に強く、ちょっとでもいつもと違う自分が出たりすれば、何だか違うなと感じた周囲の仲間たちから訝《いぶか》しげな目で見られる。

「どうしたんだ、お前らしくないな」みたいに言われるのが面倒なため、いつもの自分が窮屈に感じても、ちょっと違う面を出したい気分に誘われても、いつもの自分に収まるように自分を抑える。

このように身近にかかわっている人たちの視線を裏切るのは非常に難しい。違う自分も見てみたいと思うとき、自分の殻を破りたい衝動に駆られるとき、自分がいかに周囲の視線にがんじがらめに縛られているかに気づく。

だからこそ、新たな自分を見てみたいと思うなら、習慣化したかかわりの世界から思い切って飛び出してみることだ。

おわりに

「自分らしさ」をめぐるあれこれの思いを心理学の知見を交えながら示してきた。何らかのヒントが見つかっただろうか。

始めから終わりまで読んだけど、「自分らしさ」はいまだ漠然としたままでよくわからない、という人もいるだろう。それがふつうだ。「自分らしさ」というのは、本を一冊読んだくらいで簡単につかめるような薄っぺらいものではない。生きるという実践の中で少しずつ見えてくるものであり、少しずつつくられていくものだ。

この本は、「これが自分らしさだ」という答を与えるつもりで書いたのではない。「〈自分らしさ〉って何だろう？」という問いを抱えつつ心理学を学んできた者として、同じような思いを抱えている人たちに、自分自身と向き合うためのヒントを与えたいと思って書いたのである。けっして答を示そうとしたのではなく、考えるヒントを示したいと思ったわけだ。

この本に書いてあることに少しでも心を揺さぶられたり、興味をそそられたりすることがあれば、自分らしさの心理学を実践する立場からはじめて若者に問いかけた『〈ほんとうの自分〉のつくり方――自己物語の心理学』（講談社現代新書）もお読みいただきたい。この本の第4章で解説した自己物語の心理学を提唱したものであり、僕たちは自分の物語を生きているんだということを前提に「自分らしさ」について考えようとしたものである。

本書をまとめる機会を与えてくれた筑摩書房の北村善洋さんとタナカダイ事務所の田中大次郎さんに心からお礼を申し上げたい。

二〇一五年四月六日

榎本博明

ちくまプリマー新書

040 思春期のこころ　大渕憲一
質的に変化している少年の問題。過干渉や過剰反応が禁物の場合もあれば、大人が適切に介入すべき場合もある。ゆれる心の根本を知るための、親も子も読める入門書。

074 ほんとはこわい「やさしさ社会」　森真一
「やさしさ」「楽しさ」が善いとされ、人間関係のルールである現代社会。それがもたらす「しんどさ」「こわさ」をなくし、もっと気楽に生きるための智恵を探る。

079 友だち幻想——人と人の〈つながり〉を考える　菅野仁
「みんな仲良く」という理念、「私を丸ごと受け入れてくれる人がきっといる」という幻想の中に真の親しさは得られない。人間関係を根本から見直す、実用的社会学の本。

135 大人はウザい！　山脇由貴子
すれ違う子どもの「気持ち」と大人の「思い」。願望、落胆、怒り、悲しみなど、〝ウザい〟という言葉に込められたメッセージを読み取り、歩み寄ってみませんか？

156 女子校育ち　辛酸なめ子
女子100％の濃密ワールドの洗礼を受けた彼女たちは、卒業後も独特のオーラを発し続ける。文化祭や同窓会潜入も交え、知られざる生態が明らかに。ＬＯＶＥ女子校！

ちくまプリマー新書

ちくまプリマー新書

198
僕らが世界に出る理由
石井光太

未知なる世界へ一歩踏み出す！　そんな勇気を与えるために、悩める若者の様々な疑問に答えます。いま、ここから、なにかをはじめたい人へ向けた一冊。

202
新聞記者
――現代史を記録する
若宮啓文

新聞は何を、どう報じているのか。震災報道や部落問題、冷戦の終焉や政界再編、領土問題などを例に、社論を担ってきたベテラン記者が、その深層を解き明かす。

207
好きなのにはワケがある
――宮崎アニメと思春期のこころ
岩宮恵子

宮崎アニメには思春期を読み解くヒントがいっぱい。物語は、言葉にならない思いを代弁し、子どもから大人への橋渡しをしてくれる。作品に即して思春期を考える。

208
走れ！　移動図書館
――本でよりそう復興支援
鎌倉幸子

被災者の「心」の回復のために本が必要だ。人々へ本を届ける移動図書館プロジェクト。本の力を信じて行われているボランティア活動の始動から現在までの記録。

209
路地の教室
――部落差別を考える
上原善広

「路地（同和地区、被差別部落）って何？」「差別なんて今もあるの？」「同和教育、同和利権とは？」すべての疑問に答えます。部落問題を考える、はじめの一冊！

ちくまプリマー新書

105
あなたの勉強法はどこがいけないのか？
西林克彦

勉強ができない理由を、「能力」のせいにしていませんか？「できる」人の「知識のしくみ」が自分のものになる方法を、認知心理学から、やさしくアドバイスします。

134
教育幻想
――クールティーチャー宣言
菅野仁

学校は「立派な人」ではなく「社会に適応できる人」を育てる場。理想も現実もこと教育となると極端に考えがち。問題を「分けて」考え、「よりマシな」道筋を探る。

197
キャリア教育のウソ
児美川孝一郎

この十年余りで急速に広まったキャリア教育。でも、正社員になれればＯＫ？　やりたいこと至上主義のワナとは？　振り回されずに自らの進路を描く方法、教えます。

102
独学という道もある
柳川範之

高校へは行かずに独学で大学へ進む道もある。通信大学から学者になる方法もある。著者自身の体験をもとに、自分のペースで学び、生きていくための勇気をくれる書。

126
就活のまえに
――良い仕事、良い職場とは？
中沢孝夫

世の中には無数の仕事と職場がある。その中から、何を選ぶのか。就職情報誌や企業のホームページに惑わされず、働くことの意味を考える、就活一歩前の道案内。

ちくまプリマー新書

054 われわれはどこへ行くのか？ 松井孝典
われわれとは何か？　文明とは、環境とは、生命とは？　世界の始まりから人類の運命まで、これ一冊でわかる！　壮大なスケールの、地球学的人間論。

120 文系？　理系？ ——人生を豊かにするヒント 志村史夫
「自分は文系（理系）人間」と決めつけてはもったいない。素直に自然を見ればこんなに感動的な現象に満ちている。「文理（芸）融合」精神で本当に豊かな人生を。

123 ネットとリアルのあいだ ——生きるための情報学 西垣通
現代は、デジタルな情報がとびかう便利な社会である。にもかかわらず、精神的に疲れ、ウツな気分になるのはなぜか？　人間の心と身体を蘇らせるＩＴの未来を考える。

157 つまずき克服！　数学学習法 高橋一雄
数学が苦手なすべての人へ。算数から中学数学、高校数学へと階段を登る際、どこで、なぜつまずいたのかを自己チェック。今後どう数学と向き合えばよいかがわかる。

163 いのちと環境 ——人類は生き残れるか 柳澤桂子
生命にとって環境とは何か。地球に人類が存在する意味、果たすべき役割とは何か——。『いのちと放射能』の著者が生命四〇億年の流れから環境の本当の意味を探る。

ちくまプリマー新書

177
なぜ男は女より多く産まれるのか
——絶滅回避の進化論
吉村仁
すべては「生き残り」のため。競争に勝つ強い者ではなく、環境変動に対応できた者のみ絶滅を避けられるのだ。素数ゼミの謎を解き明かした著者が贈る、新しい進化論。

183
生きづらさはどこから来るか
——進化心理学で考える
石川幹人
現代の私たちの中に残る、狩猟採集時代の心。環境に適応しようとして齟齬をきたす時「生きづらさ」となって表れる。進化心理学で解く「生きづらさ」の秘密。

223
「研究室」に行ってみた。
川端裕人
研究者は、文理の壁を超えて自由だ。自らの関心を研究として結実させるため、枠からはみだし、越境する姿は力強い。最前線で道を切り拓く人たちの熱きレポート。

117
若者の「うつ」
——「新型うつ病」とは何か
傳田健三
若い人たちに見られる「新型うつ」とはどのようなものか。かかりやすい体質や性格があるのだろうか。思春期のうつに、気づき、立ち直るための対処法を解説する。

152
どこからが心の病ですか？
岩波明
心の病と健常な状態との境目というのはあるのだろうか。明確にここから、と区切るのは難しいが、症状にはパターンがある。思春期の精神疾患の初期症状を解説する。

ちくまプリマー新書

201
看護師という生き方
宮子あずさ
看護師という仕事は、働く人の人間性に強く働きかけ、特有の人生を歩ませる。長く勤めるほど味わいが増すこの仕事の魅力に職歴二六年の現役ナースが迫る。

182
外国語をはじめる前に
黒田龍之助
何度チャレンジしても挫折してしまう外国語学習。その原因は語学をはじめる前の準備がたりなかったから。文法、発音から留学、仕事まで知っておきたい最初の一冊。

051
これが正しい！　英語学習法
斎藤兆史《よしふみ》
英語の達人になるには、文法や読解など、基本の学習が欠かせない。「通じるだけ」を超えて、英語の楽しみを知りたい人たちへ、確かな力が身につく学習法を伝授。

160
図書館で調べる
高田高史
ネットで検索→解決の、ありきたりな調べものから脱出するには。図書館の達人が、基本から奥の手まで、あなたにしかできない「情報のひねり出し方」を伝授します。

186
コミュニケーションを学ぶ
高田明典
コミュニケーションは学んで至る「技術」である。状況や目的、相手を考慮した各種テクニックを解説し、スキルを身につけ精神を理解するための実践的入門書。

ちくまプリマー新書236

〈自分《じぶん》らしさ〉って何《なん》だろう？　自分《じぶん》と向《む》き合《あ》う心理学《しんりがく》

二〇一五年六月　十　日　初版第一刷発行
二〇二五年二月二十五日　初版第九刷発行

著者　榎本博明（えのもと・ひろあき）
装幀　クラフト・エヴィング商會
発行者　増田健史
発行所　株式会社筑摩書房
東京都台東区蔵前二-五-三　〒一一一-八七五五
電話番号　〇三-五六八七-二六〇一（代表）
印刷・製本　中央精版印刷株式会社

ISBN978-4-480-68940-5 C0211 Printed in Japan